발달장애아동 사법면담 가이드

Ann-Christin Cederborg · Clara Hellner Gumpert · Gunvor Larsson Abbad [저]

린델 사토 료코 [일본 역], 나카 마키코 · 야마모토 쓰네오 [일본 감역]

이동희 · 장응혁 · 이형범 [공역]

박영story

한국 역자 서문

먼저, 이 책이 국내에서 발간될 수 있도록 도움을 주신 공동 역자, 계명대학교 장응혁 교수님과 일본대사관 경찰주재관 이형범 경감 그리고 출판을 제안해 주신 박영사에게 깊은 감사의 말씀을 전한다. 이분들의 도움이 없었다면 이 책의 존재도 국내에 알리지도 못한 채, 원고는 나의 책상 서랍 속에서 최후를 맞이할 운명이었다. 이 원고가 세상으로 나아갈 수 있도록 도움 주신 분들께 감사의 말씀을 전한다.

대표 역자인 나는 수사전문 교육기관인 '경찰수사연수원'에서 경찰관들을 대상으로 아동·장애인 수사면담 기법을 교육하고 있다. 나 역시 경찰관이며 근무 경력이 올해 19년 차를 맞이한다. 그동안 성폭력 등 아동과 장애인 대상 범죄를 다루는 '현장 그룹'의 한 사람으로서 역할을 잘 수행해 내고 싶은 마음에 나름의 고민을 해 왔다. 범죄피해아동의 2차 피해를 방지하고 회복을 지원하는 한편, 무엇보다 '이들에게 무슨 일이 있었는지'를 확인하고 사실을 증명해 내야 하는 역할 말이다. 때로는 집요한 질문으로 2차 피해를 의심받기도 하고(어느 경우, 실제 그러하기도 했으며) 때로는 어렵게 얻어 낸 아동의 진술을 두고 '아이 말을 어찌 믿을 수 있냐'라며 도전을 받기도 했다. 특히 아동에게 발달장애가 있다면 답변조차 얻어 내기 힘든 경우도 있었다.

어떻게 하면, 이들이 진술할 수 있는 안전하고 지지적인 면담 환경을 만들 수 있을까?
어떻게 하면, 경험한 것을 최대한 많이 말하게 할 수 있을까?
어떻게 하면, 사실대로 정확한 진술을 들을 수 있을까?
어떻게 하면, '아이의 말 따위는 믿을 수 없다'라는 진짜 범인의 항변이 거짓이라고 증명해 낼 수 있을까?

비단 나만의 고민은 아닐 것이다. 경찰, 학교, 지원 기관, 사회복지 분야, 의료 분야, 법률 분야 등 아동과 발달장애인을 만나는 모든 '현장 그룹'의 공통의 고민거리일 것이다. 고민을 시작하니 많은 고민 동지를 만나게 되었다. 그렇게 만난 사람 중에 한 분이 당시 경찰대학에서 성폭력 수사에 대한 연구와 강의를 하셨던 장응혁 교수님이다. 내가 한창 머리를 싸매고 있었을 때, 장응혁 교수님이 일본 여행 중에 「知的障害・発達障害のある子どもの面接ハンドブック(지적장애・발달장애가 있는 아동에 대한 면접핸드북)」이라는 책을 발견하였다며 나에게 선물해 준 것을 계기로 번역이 시작되었다. 이 책은 스웨덴 스톡홀름 대학의 Ann-Christin Cederborg 교수 등 3명의 전문가가 쓴 「ATT INTERVJUA BARN(아동면담)」을 번역한 것이었다. 또한 원서는 사법면담을 주제로 하고 있어 사법・면담・심리 분야에 대한 균형 있는 번역이 필요했는데, 일본 사법 통역사인 이형범 경감이 기꺼이 동참을 해 주어 문제를 해결할 수 있었다. 마지막으로 국내에 '발달장애인 사법면담 관련 서적이 부족하니 현장에 충분히 도움이 될 것 같다'라며 출판을 격려해 주신 박영사 덕분에 오늘의 서문을 쓰게 되는 영광을 갖게 되었다.

현장의 많은 실무자는 아동, 특히 발달장애가 있는 아동의 경우, '이렇게 물으면 이렇게 대답을 하고, 저렇게 물으면 저렇게 대답을 하니 도대체 무슨 일이 있었는지 알기가 어렵고, 믿기도 힘들다'라며 진술 청취의 곤란을 호소한다. 그리고 아동의 이런저런 대답을 신뢰할 수 있는지를 판단하기 위해서는 면담 방식을 신뢰할 수 있어야 한다는 데 의견을 같이 하고 있다.

신뢰할 수 있는 면담 방식의 문제를 해결하기 위해 경찰청에서는 2010년 미국의 아동면담기법인 NICHD 프로토콜을 도입하였다. NICHD 프로토콜은 미국 국립 아동건강 및 인간발달 연구소(The National Institute of Child Health and Human Development)에서 심리학자인 Lamb 교수 등이 작성한 것이다. 국내 도입 이후 현재까지 성폭력 피해자를 위한 통합지원센터인 '해바라기센터'에 파견된 경찰관을 중심으로 사법면담에 사용하고 있다. 또한 진술자의 자유 진술을 촉진하는 전략을 사용하고 있기 때문에 장애인이나 성인 피해자에게도 활용해 오고 있다. 일각에서는 아동면담기법인 NICHD 프로토콜을 발달장애인 또는 장애아동면담에 적용할 수 있는 이론적 근거를 찾기 어렵다고 말하기도 한다. 그러니 발달장애인을 위한 사법면담 기법 개발을 촉구하기도 한다. 발달장애인 사법면담 기법 개발 필요성에 동의한다. 사실 이에 대한 연구 자료도 많지 않다.

이 책은 사건 초기부터 사법절차의 전 과정에서 발달장애아동의 특수한 상황을 고려하여 원활하게 사실을 청취하고 증명해 내기 위한 면담 규칙과 방식에 대해 다루고 있다. 특히 발달장애아동에 대한 사법면담 상황에서 NICHD 프로토콜의 적용에 관한 내용을 담고 있으며 사례 제시를 통해 이해도를 높이고 있다. 아동 및 발달장애를 가진 아동을 만나 그들이 경험한 것을 묻고 답변을 들어야 하는 '현장 그룹' 모두에게 반드시 참고가 될 만하다고 확신한다. '현장 그룹'이 이 책을 통해 그들 각자의 경험을 되돌아보고 시사점을 찾기를 희망한다. 이 책이 발달장애인을 위한 사법면담의 완성적인 결과물을 제시하고 있다고 단언할 수는 없다. 그러나 발달장애가 있는 아동, 더 나아가 발달장애가 있는 성인에 대한 한국형 면담 기법 연구에 활기를 불러일으키는 데 도움이 될 수 있다고 생각한다.

나의 책상 속에서 최후를 맞이할 뻔한 이 책이 아동을 비롯한 발달장애인에 대한 사법면담 기법 개발과 발전에 조금이라도 보탬이 되기를 희망한다.

2019년 4월 경찰수사연수원에서

대표역자 이동희

일본 감역자[1) 서문

    이 책은 범죄 또는 학대 피해가 의심되는 아동에 대한 지원과 연구에 종사하는 3명의 스웨덴 전문가, 안 크리스틴 세델보리(Ann-Christin Cederborg) 교수(Stockholm University: 심리학), 클라라 헬레르 굼펠트(Clara Hellner Gumpert) 의사(Karolinska Institutet: 정신의학), 군보루 라숀 아받(Gunvor Larsson Abbad) 조교수(Linköping University: 심리학)의 저서 「지적장애·신경발달장애 아동 면담핸드북」(원제: ATT INTERVJUA BARN)을 번역한 것이다.

    이 책의 주제는 범죄피해가 의심되는 아동, 특히 지적장애가 있는 아동으로부터 피해 경험을 '어떻게 들을 수 있을 것인가'에 대한 것이다. 제1장은 이 책의 출판 배경을 설명하고 있으며, 제2장에서는 지적장애 아동의 특성, 제3장에서는 장애아동을 포함하여 아동을 면담할 때 주의해야 할 사항을 사례와 함께 제시하였다.

    여기에서 '면담'이란 복지나 사법절차에 있어서 정확한 판단이나 의사결정이 가능하도록 사실관계를 청취하는 것이다. 이를 두고 조사면담 또는 사법면담, 사실·피해확인면담이라고도 한다. 이 책에서 말하는 것은 아동이 경험한 사건을 자신의 언어로, 가능한 한 많

---

1) 仲 真紀子/山本恒雄

이 말할 수 있도록 함으로써 정확성이 높은 정보를 얻어 내려는 면담 기법에 관한 것이다. 따라서 심신 회복을 지원하는 상담이나 치유 기법과는 그 목적과 방법이 다르다. 유럽과 미국에서는 사법이나 복지 현장에서 이러한 면담 기법이 널리 이용되고 있는데 일본에서는 아직 익숙하지 않다. 아래에서는 이 책의 배경과 스웨덴의 현실 그리고 이 번역서가 나오기까지의 과정에 대해서 서술하겠다.

이 책에서 다루는 면담 기법은 사법현장뿐만 아니라 복지나 그 밖의 분야에서도 사용할 수 있다. 그 때문에 앞에서 설명한 것처럼 이를 조사면담, 사실·피해확인면담이라고 부르고 있지만, 현재 일본에서는 사실에 초점을 맞춘 면담 기법을 「사법면담」이라는 용어로 사용하는 경우가 많다. 또한 이 책은 아동으로부터 진술·증언을 듣는 것을 중요하게 다루고 있다. 그래서 본 번역서에서는 「사법면담2)」이라는 용어를 사용하기로 한다. 그러나 독자들은 아동의 경험을 청취하는 어떠한 면담 상황에서도 활용할 수 있다는 사실을 염두에 두었으면 한다.

사법면담의 배경

1980년대부터 유럽과 미국을 중심으로 아동 인권에 대한 의식이 높아지고, 아동에 대한 학대(보호자가 아닌 다른 사람에 의한 가해를 포함하여)나 방임의 문제가 거론되기 시작했다. 그 결과 아동에 대한 보호·지원은 강화되었지만, 아동에 대한 부적절한 면담이 원인이 되어서 죄 없는 사람이 기소되거나, 유죄판결을 받거나 또는 실제로 어떤 일이 있었는지 입증하기 어려운 상황도 벌어졌다. 1983년 미국

---

2) 【한국역자 주】한국에서는 「조사면담」, 「수사면담」 또는 「법정면담」이라는 용어로 사용되고 있는데, 이는 forensic interview를 번역한 것이다. 이 책에서는 일본 번역서 내용 그대로 「사법면담」으로 번역하였다. 이 책에서 다루고 있는 피해아동에 대한 면담은 형사사법절차 전 과정에서 사용되어야 하므로 「사법면담」으로 지칭하는 것이 가장 적합하다고 생각된다.

캘리포니아에서 발생한 '맥마틴 유치원 사건3)'이 유명하며, 이러한 일들은 미국 내 다른 지역이나 유럽, 오세아니아에서도 일어났다. 한편, 성적 학대가 의심되는데도 아동으로부터 적절한 피해 사실을 청취할 수 없었기 때문에 제대로 대응하지 못했던 사례도 계속되었다. 그러면서 아동이 겪게 될 부담을 줄이고, 피해 경험을 정확하게 청취할 수 있는 면담 기법의 개발과 훈련이 중요한 과제로 인식되었다.

면담에 있어서 유도나 암시를 주지 않고 정확한 정보를 청취하기 위해서는 사람의 지각, 기억, 언어 등을 다루는 인지심리학과 아동의 발달적 변화를 다루는 발달심리학의 지식이 유용하다. 그 연구 성과를 통해 각 나라에서 사법면담이 개발되어 왔다. 미국의 Ronald P. Fisher와 R. Edward Geiselman의 인지면담, 캐나다의 JOHN C. YUILLE 등에 의한 「스텝와이즈면담(THE STEP-WISE INTERVIEW)」, 영국 내무부·보건부의 「실무전략(Memorandum of Good Practice)」이라는 책4)을 예로 들 수 있다. 이 면담 기법은 「도입-사건에 대한 자유 진술(아동에 의한 자발적 진술)-질문-마무리」 구조로 되어 있고, 가능한 개방형 질문("~에 대해 말해 주세요" 등 피면담자의 답변에 영향을 주지 않는 질문)을 사용하여 아동으로부터 자유 진술을 얻어 내는 것을 중시하고 있다.

NICHD 프로토콜

이 책에서 제시하는 면담 기법의 기반이 되는 것은 미국 국립 아동건강 및 인간발달 연구소(The National Institute of Child Health and Human Development)에서 심리학자인 Lamb 교수 등이 작성한 NICHD

---

3) 원아 성학대 용의자로 지목된 유치원 직원이 기소되었으나 부적절한 아동면담으로 인하여 아동 진술의 신빙성이 부정되고 피고인은 무죄판결을 받았다.

4) 이 책의 후속판은 본 책에서도 다루고 있는 「ABE(Achieving Best Evidence in Criminal Proceedings)」 면담 기법이다.

프로토콜이다. 이는 다른 사법면담과 같이 구조화되어 있고, 개방형 질문을 통해 얻은 자유 진술을 중시하고 있다. 또한 면담자가 면담 방법을 보다 쉽게 습득할 수 있도록 면담자의 질문 내용을 구체적으로 제시한 것이 특징적이다(http://www.nichdprotocol.com).

NICHD 프로토콜의 면담 절차는 다음과 같다. (1)면담자 인사하기. (2)면담 규칙 설명하기(면담에서 지켜야 할 것에 대해 약속하기: "사실대로 말해 주세요", "질문을 이해할 수 없으면 이해할 수 없다고 말해 주세요", "질문의 답을 모르면 모른다고 말해주세요" 등). (3)아동과 취미 등을 이야기하여 라포를 형성하기. (4)경험이나 사건에 대한 회상 연습(일화적 기억 훈련)하기. 예를 들어 "아침에 일어나서 여기에 오기까지 있었던 일에 대해 처음부터 끝까지 말해 주세요"라고 진술을 촉진한다. 아동이 대답을 하면 "그 다음에", "그 다음에"라고 물어가며 진행을 한다. 그 과정에서 아동이 말할 준비가 되었다면, (5)사건 내용에 대한 면담으로 들어가서 개방형 질문을 이용하여 정보를 수집하기. 마지막으로 진술 청취가 끝나면 (6)"그 밖에 말해 주고 싶은 것이 있나요" 등의 확인을 하고 면담을 마무리하기.

이 책에서는 진술 권유("~에 대해 말해주세요")와 Wh질문('누가', '어디에서' 등)을 「개방형 질문」으로 정의하고 있으며, 가능한 한 개방형 질문을 사용하도록 지시하고 있다. 불가피하게 폐쇄형 질문(답변에 제약이 있는 질문: "예" 또는 "아니요"로 답변하는 질문과 선택형 질문)을 사용하게 된 경우에는 이어서 개방형 질문을 사용하여 진술을 확장하도록 지시하고 있다(예를 들어 "차를 보았나요?", "예", "그러면 그 차에 대해서 자세히 말해 주세요" 등). 또한 특정 내용을 시사하는 유도질문("때렸나요?"), 암시적 발화("당신은 OO에게 맞아서 여기에 왔어요")를 피해야 한다. 특히 아동이 언급하지 않은 것을 질문하는 것(아동이 "매를 맞았다"라는 말을 하지 않았는데 "어디를 맞았나요?" 등)에 주의해야 한다.

또한, 사법면담은 여러 직군이 연계하여 진행하는 경우가 많다.

이 경우, 면담자가 아동을 면담하는 「조사실」과는 별도로 복지, 사법, 심리전문가는 면담 상황을 시청할 수 있는 「모니터실」을 일반적으로 이용한다. 이러한 방식으로 사법면담을 하게 되면 각 직군의 전문가가 한 번에 사건에 대한 정보를 공유할 수 있으며, 아동이 여러 전문 기관을 방문하여 그때마다 피해 진술을 요구받는 부담이 줄어든다.

이 책의 배경

편저자 Cederborg 교수는 2007년부터 스웨덴 경찰관을 대상으로 사법면담을 교육해 왔다. 이 책은 스웨덴 경찰연수와 관련된 연구 성과에 기초하여 집필된 것이다. 연구의 배경, 교육, 최근 상황에 대해서 Cederborg 교수에게 메일로 문의하였다(필자도 Cederborg 교수와 이전부터 교류가 있었다).

문: 사법면담 이외에 어떠한 연구를 하였나요?
답: 「투명아동」에 대해 연구하고 있습니다. 이는 사회적으로 지원이 잘 되지 않는 아동에 대한 연구입니다. 예를 들어 복지, 이민, 성학대와 신체학대 피해자, 학교와 유치원의 왕따 피해자, 살인 등 중요한 사건을 일으킨 아동을 대상으로 하고 있습니다. 아동에 대한 법과 정의에 대해 관심이 있고, 아동권리협약에 관여하고 있습니다.

문: 언제부터 왜 사법면담을 교육하게 되었나요?
답: 논문(Cederborg, Alm, Nises, & Lamb, 2012)[5]을 보낼 테니 참

---

5) Cederborg, A.–C., Alm, C., Nises, D. L. da S., & Lamb, M. E.(2012). Investigative interviewing of alleged child abuse victims; An evaluation of a new training programme for investigative interviewers. Police Practice and Research, 1–13, iFirst Article.

고하세요. 그 논문에 전부 적혀 있어요. 또한 그 논문을 쓴 이후 60명을 추가로 훈련하고, 75명의 경찰관도 교육을 진행하고 있습니다.

위 논문에 따르면 스웨덴 경찰은 아동에게 적절한 면담을 하지 않고 있다고 비판받고 있다. 정부는 국립스웨덴경찰위원회에 교육을 실시하도록 지시하였고, 2007년 교수들은 대학을 기반으로 하여 교육을 시작하였다. 교육 내용은 NICHD 프로토콜과 PEACE 모델을 조합한 것으로, 2007－2010년 사이에 104명의 전문가에 대해 실시하였다. 교육 기간은 6개월의 대학 강좌(발달심리학, 복지학, 법학 등이 포함된 학문적인 내용)로 월 3일의 수업과 과제 등이 포함되었고, 피드백이나 슈퍼바이저 교육을 통해 개방형 질문이 증가되는 것으로 나타났다.

특히, PEACE 모델은 영국에서 사용되고 있는 피의자 조사를 위한 면담 기법으로 「계획과 준비(P)」, 「도입과 설명(E)」, 「피의자로부터의 설명(A)」, 「종료(C)」, 「평가(E)」 구조6)로 되어 있다. 다른 면담 기법과 같이, 피면담자로부터의 자유 진술을 중시하고 정보 수집을 목적으로 하는 면담 기법이다(仲, 2012a). 자 다시, Cederborg 교수와의 질의응답으로 돌아가자.

문: 스웨덴의 사법면담 체계는 어떻게 되어 있나요?
답: 스웨덴에는 25개의 「아동사법센터」가 있습니다. 아동에게 학대피해가 의심되면 사회복지사와 경찰관이 함께 면담을 하게 됩니다.

---

6) 【한국역자 주】 국내에서는 PEACE 모델을 다음과 같이 설명하고 있다. Planning and Preparation(계획과 준비) → Engage and Explain(도입과 설명) → Account, Clarification and Challenge(진술 청취, 명확화와 반론) → Closure(종료) → Evaluation (평가)

사법면담은 비디오 녹화를 하고, 모니터실에서는 백스태프(기타 전문가) 등이 면담 상황을 시청합니다.

문: 모니터실에는 누가 들어가나요?
답: 심리사, 경찰관, 검사, 복지사가 들어갈 수 있습니다. 다만 아동학대와 관련하여 (복지적 관점에서) 사회복지사가 면담을 할 때는 모니터실은 사용하지 않습니다. 사법면담은 경찰관이 합니다.

문: 사법 면담실에 대해 사진을 제공할 수 있나요?
답: 아쉽게도 제공할 수 있는 사진은 없습니다. 거기에 이 책은 사법 면담에 대해서만 서술하고 있지는 않습니다. 어떠한 목적의 면담이든 아동으로부터 생각과 경험을 진술하도록 할 때는 개방형 질문을 사용할 것 그리고 암시나 폐쇄형 질문으로 진술을 차단하지 않도록 하는 것이 이 책이 주는 메시지입니다.

발행 과정

마지막으로 본 번역서가 출판되기까지의 과정에 대해 적어 둔다. 성학대를 받은 아동과 가족에 대한 지원에 대해 연구를 하고 있는 오사카교육대학의 오카모토 마사코 교수(전문은 정신신경과학) 등이 2012년 스웨덴의 학대대응에 대해 조사를 한 바 있다. 그리고 스톡홀름대학 Cederborg 교수로부터 이 책을 제공받은 오카모토 교수는 일본에서 이 책을 출판하는 데 의의가 있다고 생각하고, 일본 아동가정종합연구소에서 학대대응을 연구하고 있고, 사법면담을 교육하고 있는 야마모토(아동가정종합복지 연구부장)에게 상담하였다. 이후 아카시 서점의 후카자와 타카유키에게 번역을 제안하였고, 후카자와 그리고 리터럴 티르 출판사의 손세팀지리 룬드에 의해 출판이 가능하게 되었다. 스웨덴어의 번역은 오카모토 교수의 추천을 통해 린델 사토 료코가 실시하고, 야마모토와 나카(홋카이도 대학에서 사법면담 교육을 담당하고 있다)가 편집·감수 작업을 담당하였다.

번역하면서 의견과 추가 설명을 괄호 내 또는 각주에 적절하게 추가하였다. 또한 가독성을 위해 취지를 해치지 않을 정도로 의역한 곳도 있다. Cederborg 교수는 이공계 논문의 관례에 따라 단정을 피하는 형태로 문장을 쓰고 있다("~일지도 모른다", "~의 가능성이 있다" 등). 그러나 이것도 중복되면 문장이 길어져서 읽기 어려울 수 있기 때문에 짧게 한 부분도 있다. 독자는 어떤 과학적 기술도 그렇겠지만 이 책의 내용을 '절대적'인 것으로 생각하는 것이 아니라, 연구 결과는 모두 후속 연구에 의해 바뀐다는 인식을 가지고 이 책을 읽어 주기 바란다. 연구자와 실무자가 협력하고 항상 더 나은 방법을 찾고, 목표를 이룰 수 있기를 바란다.

마지막으로 이름을 거론한 분들 그리고 거론하지 못한 분들에게도 감사를 드린다. 이 책이 일본 아동의 복지와 사법에 도움이 된다면 크게 기쁠 것이다.

2014년 8월

仲 真紀子 山本 恒雄

나카 마키코·야마모토 쓰네오

Prologue

장애아동은 비장애아동에 비하여 학대피해를 입는 경우가 많다
(Sedlack & Broadhurst, 1996: Westcott & Jones, 1999). 또 범죄피해를 입
어도 기소까지 이르는 사례가 적다(Gudjonsson, Murphy & Clare, 2000;
Green, 2001; Williams, 1995). 게다가 스웨덴의 연구에 따르면 지적장
애와 신경발달장애 또는 두 가지 장애가 있는 아동(이하, '장애아동'이
라고 한다)은 범죄피해를 입어도 그 장애가 초래하는 영향에 대하여
심리사, 사회복지사, 의사들이 사법기관에 충분한 정보를 제공하지
않는다는 것이 밝혀졌다. 이는 장애아동이 그들의 특성에 기반하여
이해되지 않고 있다는 것을 시사한다(Cederborg & Lamb, 2006). 또 선
행 연구는 장애아동의 진술능력과 장애아동에 대한 면담 기법에 대
하여 경찰관이 충분한 지식을 가지고 있지 않음을 보여주고 있다
(Cederborg & Lamb, 2008a, Cederborg, LaRooy & Lamb, 2008). 장애아동
의 특성에 대한 지식이 없으면 법원은 장애아동 진술의 신빙성에 대
해 일반적인 기준을 적용하여 판단할 수밖에 없을 것이다. 그러나 일
반적인 기준은 장애아동에게 충족되기 어렵다.

이 책은 의사소통이 어려운 아동이 학대 등 범죄피해를 입은 경
우에 그들의 진술을 적절한 방법으로 청취할 필요가 있다는 것을 알
리기 위해 저술되었다. 대상으로는 장애아동과 많이 접하는 전문가,

xiv Prologue

학생, 심리사, 사회복지사, 경찰관, 법률가, 배심원 등을 고려하고 있
다. 이 책의 목적은 장애아동이 안고 있는 위험과 그 특성에 대하여 사
람들의 의식 수준을 높이는 데도 있지만, 장애아동으로부터 보다 적절
하게 사실을 청취하는 방법에 관하여 정보를 제공하는 것을 목표로 하
고 있다. 이 책은 모든 것을 망라하려는 것은 아니다. 아동 한 사람 한
사람이 가지고 있는 능력에 대한 이해와 이를 바탕으로 한 필요한 대응
에 관하여 이해를 높이는 수단으로 사용해 주기 바란다.

이 책은 Ann-Christin Cederborg가 착수하여 Clara Hellner
Gumpert와 Gunvor Larsson Abbad와의 공동 작업으로 진행되었다.
이 책은 또 범죄피해자기금(Brottsofferfonden)으로부터 경비 지원을 받
았다. 이 책을 쓰게 된 계기는 지금까지의 연구 성과이기도 하지만
또한 여러 외국에서 사법 관계자용으로 출판된 '취약한 범죄피해자
(진술약자라고도 한다)에 대한 가이드라인'의 영향도 받았다. 예를 들어
북아일랜드와 영국에서 이용되고 있는 가이드라인 「형사절차상 최
우량 증거의 확보; 아동을 포함한, 진술약자 또는 위축된 증인을 위
한 가이드(Achieving Best Evidence in Criminal Proceedings; Guidance for
Vulnerable or Intimidated Witnesses, including Children)[7]」와 미국 캘리
포니아주의 「장애가 있는 아동학대 피해자; 법집행 최초대응자 그리
고 아동보호 서비스 현장 근무자들을 위한 커리큘럼(Child abuse
victims with disabilties; A currriculum for law enforcement first responses
and child protective services frontline workers)」이 그것이다. 기타 참고
문헌은 본서의 말미에 기재하였다. 관심이 있는 독자는 Cederborg
교수(e-mail: ann-christin.cederborg@liu.se)에게 연락하기 바란다.

출판에 앞서 필자들 외에도 예테보리 개발센터 카타리나 올손

---

7) 그 선행판은 「아동의 사법면담-비디오녹화면담을 위한 가이드라인」으로 일본에도
번역 출판되었다.

(Katarina Olsson) 검사, 말린 셜스틈(Malin Källström), 스톡홀름 국립경찰위원회와 브리지타 앵그버그(Birgitta Engberg), 솔나(Solna) 경찰대학 등 전문가 그룹이 이 책의 내용을 검토했다. 또한 이 책의 내용은 6개의 검찰 및 경찰 관할구역에서 시범 실시되었다. BUP 아스트리드 린드그렌(Astrid Lindgrens) 아동 병원의 소아청소년 정신의학 수석전문의 에바 노렌(Eva Norén)도 전문가로서 내용을 검토해 주었다. 이 책의 내용을 개선하는 데 참여해 준 모든 사람의 격려와 창의적인 제안에 진심으로 감사를 드린다. 또한 이 책을 탄생하게 해 준 범죄피해자기금에게도 큰 감사를 드린다.

Ann−Christin Cederborg, Clara Hellner Gumpert,
Gunvor Larsson Abbad

차례

제 3 장 지적장애, 신경발달장애 또는
두 장애를 모두 가지고 있는 아동면담

제 1 장
시작하며

이것은 나에게만 국한된 것은 아닐지도 모른다. 잘은 모르겠지만, 비언어적 암묵의 신호를 이해하는 것은 매우 어렵다. 처음에는 정말 이해하기 어려웠다. … 왜냐면 사람의 기분, 심정을 이해하는 것은 정말로 어려웠고, 사람의 표정을 읽는 것도 정말로 어려웠다.

아스퍼거 증후군으로 진단된 사람의 발언을 인용

장애아동은 범죄피해를 경험할 위험이 높다(Sobsey & Doe, 1991; Sullivan & Knutson, 2000; Westcott 1991; 1993; Westcott & Jones, 1999; Vig & Kaminer, 2002). 그들은 또한 적절한 방법으로 면담을 받지 못하는 경우도 있다(Cederborg & Lamb, 2008a; Cederborg m.fl., 2008; 2009). 그리고 진술의 신빙성을 판단할 때, 장애아동 특성에 따른 진술능력이 고려되지 않을 때도 있다(Cederborg & Lamb, 2006; Cederborg & Gumpert, 2009a). 이렇듯 장애아동의 진술을 이해하기 위해서는 장애아동의 능력이나 특성에 대해서 배우는 것이 중요하다. 하지만 그보다 면담자가 아동 진술에 영향을 주지 않도록 하는 면담 기법에 대해 습득하는 것도 중요하다.

장애 유무와 관계없이 아동으로부터 정확하고 상세한 진술을 얻는 것은 쉽지 않을 뿐 아니라 연령, 발달의 정도, 진술 동기 그리고 임상적 증상은 아동의 진술능력에 영향을 준다. 만약 아동에게 장애가 있다면 그들이 정확하게 진술할 수 있도록 대응하기 위해서는 보다 특별한 주의가 필요하다. 발달장애를 진단받은 아동은 기억력에 문제가 있을 수도 있고, 그렇다면 암시에 대한 위험도 높다(Gudjonsson & Henry, 2003; Kebbell & Hatton, 1999). 또한 진단이 동일하다고 해서 장애가 똑같지는 않다(Ceci, Bruck & Batin, 2000; Gudjonsson & Henry, 2003).

일반적으로 장애아동으로부터, 비장애아동이나 성인과 같은 진술을 얻어 내는 것은 어렵다. 그러나 진술을 얻어 내기 어렵다는 것이 진술할 수 없다는 것은 아니다. 문제는 아동에게 질문하는 방법에 있다(Kebbell & Hatton, 1999). 통상 아동·청소년의 경우에 더욱 정확한 정보를 얻을 수 있는 방법은 개방형 질문을 사용하는 것이다. 설사 개방형 질문을 사용함으로써 면담자가 기대하는 순서로 진술을 들을 수 없다고 하더라도 개방형 질문이 유용함에는 변화가 없다(Gordon & Schroeder, 1995; Lamb, 2008).

전문가가 장애아동에 대해 실시하는 면담은 아동의 피해가 보다 명확하게 진술되도록, 그리고 면담 과정에서 아동이 보다 잘 대우받을 수 있도록 개선되어야 한다. 판사, 변호사, 경찰관에게 장애의 유무를 어떻게 판단하면 좋을지, 장애아동과의 의사소통을 어떻게 이해하면 좋을지에 대한 지식은 기대할 수 없다(Cederborg & Gumpert, 2009a). 그러나 법정에서 그러한 지식을 갖고 있는 심리학자나 의사에게 판단을 요구한다면, 장애아동의 능력이나 취약한 부분에 관한 정보를 얻을 수 있을 것이다. 이러한 지식이 있다면(선행 연구가 제시하는 것보다) 더욱 구체적이고 현실적으로 진술의 신빙성 판단이 가능할 것이고(Cederborg & Lamb, 2006), 경찰관도 장애아동으로부터 보다 정확한 진술을 얻기 위해서는 어떻게 면담을 해야 하는지에 대한 많은 것을 배울 수 있을 것이다(Cederborg & Lamb, 2008a).

아동이 만나게 되는, 범죄피해에 관한 지식을 갖춘 심리학자,

사회복지사, 의사라면 피해 상황을 더욱 잘 이해하고 아동에게 한층
정확한 진술을 이끌어 낼 수 있을지도 모른다(Cederborg & Gumpert,
2009b; Gumpert, 2008). 이러한 전문가가 적절한 면담 기법을 배운다
면 아동이 피해 상황에 대해 진술할 수 있는 가능성은 더욱 높아지
게 된다. 무엇보다 실제 학대나 범죄피해가 있는 경우, 피해 진술은
증거로서 인정될 수 있는 권장 조건에서 청취되어야 한다.

　　또한 피해가 의심되는 장애아동과 관련된 환경을 개선하기 위
해서 사법전문가는 심리학, 사회학, 정신의학 전문가와 더 잘 연계하
여야 한다(Cederborg & Gumpert, 2009b; Gumpert, 2001).

　　이 책을 통하여 지식의 교류를 촉진하고, 장애아동을 어떻게 이
해하고, 어떻게 대응해야 하는지에 대한 공통의 지식 기반을 발전시
켜 나가기를 바란다. 이 책은 우선 장애가 있는 아동과 청소년에게
초점을 맞추고 있다. 또 이 책이 장애 유무와 상관없이 아동에 대한
대응 방법 개선에 도움이 된다면 그것 또한 기쁠 것이다. 이하 계속
되는 제2장에서는 다양한 장애에 대하여 개설하였다. 그리고 나서
장애아동으로부터 가능한 한 정확하게 진술을 얻어 내기 위한 면담
기법을 소개하고자 한다.

제 2 장
장애와 핸디캡

　세계보건기구(WHO)에 따르면 건강이란 질병이 없는 상태, 양호
한 생활을 영위하는 데 방해가 되는 곤란을 가지고 있지 않는 상태로
정의하고 있다. 대부분의 사람은 인생의 어디에선가 목표 달성을 곤
란하게 하는 질병과 장애를 경험할 것이다. 스웨덴에서는 지속적인
중장애가 있는 사람에게는 그들의 상태에 맞춘 특별한 지원, 예를 들
어 보조장비와 경제적 지원을 요구할 수 있는 권리가 보장된다.

　장애의 개념을 어떻게 정의할 것인지에 대해 사회적 논의가 있
어 왔다. 보건복지청(2007)과 장애학 연구자(Tideman, 1999)는 각각
별도의 방법으로 장애를 정의하고 있지만, 이 책에서는 장애를 '일부
기능이 저하된 상태'라고 정의하겠다. 또한 핸디캡은 장애인에게 경
계나 장벽의 원인이 될 수 있는, '환경의 「사각 지대」'라고 정의하고
싶다. 이 책은 전문가의 지식을 향상시켜서, 장애아동이 범죄피해를
입은 경우 대응 과정에서 발생할 수 있는 위험을 감소시키는 것을
목적으로 하고 있다. 지식이 부족하다면 장애 아동·청소년의 능력
을 적절하게 이해할 수 없다. 그로 인하여 오해를 만들거나 잘못된
결정을 내리는 것을 피하기 위해서는 아동의 진술능력에 맞춘 세심
한 배려가 필요하다. 다음에 설명하는 것처럼 아동의 장애는 천차만
별로 다르게 나타난다. 다음의 장애 진단 및 장애에 대한 대응 전략

은 전문가가 빠지기 쉬운 오류를 방지하고 개별적 상황에 근거하여 아동을 이해하는 데 도움이 될 것이다.

1. 신체적 장애와 정신적 장애

장애는 신체적 장애와 정신적 장애, 두 가지 모두에 발생하는 장애가 있다. 신체적 장애에는 운동장애, 시각장애, 청각장애 등이 있으며 이는 겉으로 드러나기 쉽다. 그러나 특정 상황이나 환경에서는 인지되기 어려운 경우도 있다. 눈에 보이지 않는 장애의 예로는 내성이 없는 물질에 접촉하여 일어나는 강한 반응, 예를 들어서 특정 음식에 대한 내성이 없거나 알레르기가 있는 경우가 이에 해당한다. 이러한 종류의 장애가 있는 사람은 불편감을 줄이기 위해서뿐만 아니라, 때로는 생명의 위험을 초래하는 반응을 피하기 위해 특정 환경을 피해야만 한다. 장애가 없는 사람과는 다른 행동들 때문에, 주변 사람들에게 오해를 받거나 받아들여지지 못하는 경우도 있다. 다른 한편, 눈에 보이는 장애가 있다면 주변 사람들이 그 사람의 능력과 인지능력을 실제보다 낮게 평가할지도 모른다. 이러한 상황은 장애가 있는 사람이 주변 사람들로부터 받게 되는 대우에 영향을 미칠 것이다.

정신적 장애라는 용어는 폭넓게 사용되고 있다. 여기에는 각종 진단이 포함되고 기능 수준에도 여러 가지 단계로 나누어져 있다. 또한 많든 적든 간에 지속적으로 나타나는 특징이 있다. 보건복지청에 따르면, 정신적 장애 또는 정신질환은 개인의 사회 활동을 제한하고 특별한 지원이 반드시 필요할 정도로 정신적 상태에 영향을 미치는 경우가 있다고 한다. 이러한 경우에는 일상생활·주거·직업과 관련하여 지원이 제공된다. 각 개인에 대한 진단은 지원이 필요한지를 결정할 뿐 아니라 기능 수준에 적합한 지원 내용을 명확히 하고 필요한 지원과 연계될 수 있어야 한다.

　일상생활에서 개인이 어느 정도 적응적인지는 장애 성질과 정도, 장애의 영역과 범위에 달려있다. 또한 주변 사람들의 장애에 대한 개방적 태도와 장애에 대응하는 능력도 일상생활에 있어서 장애인의 적응력에 영향을 미친다.

2. 진단

　여기에서는 몇 가지 진단과 장애로 인한 영향에 대해서 개괄하였다. 다만 진단이 있더라도 개개인은 각기 차이가 있기 때문에 자신에게 맞는 적응 방법을 가지고 있다는 점을 인식하기 바란다. 다음의 설명은 (해당 장애를 진단받은) 아동을 면담함에 있어서 면담자의 지식을 보조하기 위한 것이다.

　진단이나 이에 대한 기술(記述)은 일반적인 설명처럼 사용되는 경우가 많다. 그러나 면담에서 아동의 반응을 이해하기 위해서는 아동의 성격·성장 배경·능력·현재의 상태 등을 고려해야만 한다. 사건의 종류나 다른 요인은 제쳐두고라도, 동일한 진단을 받은 아동도 성장 조건은 아동마다 모두 다르다. 그렇기 때문에 주어진 상황에 대한 반응 또한 아동에 따라 다르고 적응하는 것에 대한 어려움에도 차이가 있다. 다양한 반응이 나타나는 원인에는 아동의 행동능력이나 동기 부여에서 발생하는 차이도 있지만 아동이 양육된 환경, 예를 들어 학교나 통학 형태, 자치단체로부터 제공되는 보조기구나 특별지원 등의 차이와도 관계가 있다. 면담자는 면담 장소에서 아동의 반응을 예측하고 아동이 그 상태나 성장 배경에 대한 배려를 받으면서 진술할 수 있도록 노력해야 한다.

▍진단하기

　신체적 상태와 관련한 대부분의 진단은 진단명에 질병에 대한 설명이 포함되어 있다. 예를 들어서 「유당불내증」은 장에서 유당을 소화하지 못하는 증상을 말한다. 그러나 정신적 장애의 진단은 기술 (記述, 있는 그대로 열거하거나 기록하여 서술함)적이다. 어떤 사람이 (다양한 증후가 기술되어 있는) 몇 가지의 기준에 부합한다면 해당 장애로 진단된다. 다만 진단되는 본인과 주위 사람과는 받아들이는 의미에 있어 차이가 있는 경우가 있다. 어떤 진단이 내려진다는 것은 본인에게 있어 자신의 강점과 약점을 이해하게 되는 도구가 될지도 모른다. 한편 치료자나 교육자에게 있어서 진단은 진단받은 사람의 상태를 이해할 수 있는 근거가 되어 대응하는 실마리가 된다. 아동은 끊임없이 성장하기 때문에 아동에 대한 진단은 일정 기간을 두고 갱신되어야 한다. 진단은 아동의 장래에 '낙인을 찍는' 것이 아니라, 현재에 필요한 지원을 받을 전제(前提)를 부여해 주는 것이다. 필요한 지원은 장애아동이 가지는 권리이다.

　스웨덴에서는 전문가가 진단함에 있어서 우선 참고하는 2가지 진단 시스템이 있다. 세계보건기구(WHO)의 시스템은 「국제질병분류」 (ICD: International Classification of Diseases)로 불려진다. 현재 버전은 ICD－10으로, 즉 10판이 사용되고 있다(WHO, 1993).[1] 개개의 진단은 연속된 텍스트로 쓰여 있고, 알파벳과 세 자리 숫자로 이루어지는 코드가 붙어 있다. 또 다른 진단 시스템은 미국정신의학협회(APA)가 작성한 「정신장애의 진단과 통계 편람」(DSM: Diagnostic and Statistical

---

1) 【한국역자 주】 WHO에서는 2018년 6월 18일 자로 ICD 제11차 개정판을 발표하였다. ICD 제11차 개정판은 WHO의 집행이사회(Executive Board)를 거쳐 2019년 5월 20일부터 28일까지 열리는 세계보건총회(WHA, World Health Assembly) 승인을 받으면 2022년 1월부터 발효될 예정이다.

manual of Mental disorders)이다. 현재는 DSM − 4TR(APA, 2000)(2014년
현재는 DSM − 5)²⁾을 사용하는데, 증상은 개조식으로 쓰여 있고 진단
을 가능하게 하는 기준이 기재되어 있다. 이 시스템에서는 진단명이
몇 가지 숫자의 조합으로 구성된 코드로 표기되어 있다. ICD와 DSM
의 차이점은 무엇보다도 DSM은 정신질환과 장애에 초점을 맞추고
있는 반면, ICD은 신체적 질병까지를 포함한 모든 질환을 분류하고
있는 것이다.

　더 나아가 WHO에는 임상의사들이 이용할 수 있는 참고 자료가 있
는데, 이는 「국제기능장애건강분류」(ICF: International Classification of
Functioning, disability and health, 2003)이다. ICF는 많은 사람이 인생의
어느 시점에서 건강하지 않은 상태를 경험한다는 WHO의 정의에 근
거하여 작성되었다. ICF의 목표는 기능의 상태와 장애에 대한 정보,
다시 말해 질병이나 장애가 어떠한 결과를 초래할 수 있는지에 대한
정보를 제공함으로써 ICD를 보완하는 것이다.

　국제적인 관점에서 볼 때, 지적장애 또는 신경발달장애 또는 두
장애가 모두 있다는 것이 무엇을 의미하는지에 대한 공통적인 정의
를 발견하는 것은 쉬운 일이 아니다. 각각 다른 진단 시스템은 장애
나 진단에 부여되는 명칭이 다를 가능성이 있다는 것을 시사한다. 또
한 일부 진단에는 낡은 기술들이 남겨져 있다. 다음 설명에서는 보다
장애를 잘 이해할 수 있도록 각각 다른 명칭을 병기한 것도 있다.

3. 지적장애

　국립 정신발달지체아동·청소년 협회(Riksförbundet för utvecklingsstörda

---

2) 【한국역자 주】 Cederborg 교수 등의 논문 작성 당시에는 DSM − 4TR을 사용하였
　으나 2013년 5월에 DSM − 5가 출판되어 현재까지 사용 중이다.

barn och ungdomar)에 따르면 스웨덴에는 약 38,000명의 아동, 청소년 그리고 성인에게 정신발달지체(utvecklingsstörning)가 있다고 한다. 그 밖의 사용되는 개념으로 「지적장애」(intellektuella funktioinshinder), 「인지장애」(kognitiva funktioinshinder)가 있다. 또한 「이해장애」(förstån dhandikapp)라고 불리는 경우도 있다.3) 지적장애는 16~18세 이전 아동의 지능 발달과 관계되는 장애로, 심리검사를 통해 그 발달 단계를 판정할 수 있다. 같은 연령의 아동과 검사 결과를 비교하여 지능이 낮으면(IQ 70이하) 지적장애로 판단된다.

지적장애 상태는 사람에 따라 다른데, 이 진단명을 가지는 사람의 대부분은 개인적 지원과 보조장구에 대한 정보 제공이 필요하다. 지적장애가 있는 사람이 할 수 있는 기능은 장애 정도와 성장 과정, 어떤 지원과 훈련을 받아 왔는지에 의존한다. 지적장애가 있는 아동은 다른 아동과 비교할 때 이해하는 것, 새로운 것을 습득하는 것, 자신의 생각이나 기분을 표현하는 것에 보다 긴 시간이 필요하다.

지적장애는 염색체 이상, 선천성 결함, 출산과 관련된 장애 등 다양한 원인에 의해 발생한다. 성장 과정에서 발생하는 사고, 질병도 지적장애를 초래하는 경우가 있다. 지적장애는 단독으로 발생하는 경우도 있고 몇 가지 장애, 예를 들어 운동장애, 시각장애, 청각장애, 뇌전증 등과 동반하여 발생하는 경우도 있기 때문에 어떤 장애가 주된 장애인지 판단하기 어려운 경우도 있다. 지적장애가 있는 경우 지적·인지적 발달은 정상발달아동과 동일하게 진행되지 않는다. 언어나 운동 스킬, 지적능력은 저하되기 쉽다. 다만 발달이 늦더라도 장애의 정도에 따라 장애아동은 많은 것을 습득할 수 있다. 이들은 정

---

3) 【한국역자 주】 우리나라의 현행 장애인복지법 제2조(정의)에서는 발달장애를 지적장애와 자폐성장애로 정의하고 있다. 이 책에서 표현하고 있는 정신발달지체에 대해 우리나라 장애인복지법과 DSM-5에서는 지적장애라는 용어로 사용하고 있으므로 이하 번역에서는 '지적장애'로 표기하여 이해를 돕고자 한다.

상발달아동과 비교할 때 문맥이나 행위의 결과를 이해하는 데 어려움이 있고 시간 개념에 문제가 있는 경우도 있다. 시계를 읽는 것을 학습할 수 있더라도 자신의 시간을 어떻게 구성해야 하는지를 이해하지 못하는 경우도 있다.

그들은 활동보조인 등 도우미가 빈번하게 바뀌는 것에 익숙할지도 모른다. 이러한 이유로 모르는 사람을 받아들이기가 쉬울 수 있다. 정신 연령이라는 개념은 장애에 익숙하지 않은 사람이 장애의 수준을 이해하는 데 유용하다. 그러나 다른 아동과 같이 장애아동도 경험을 통해 학습하기 때문에 정신 연령이라는 개념이 적절하지만은 않다. 예를 들어, 5살 정도의 인지기능(지각, 경험, 기억, 사고, 학습 등을 포함하는 반응이나 행동의 기반)을 갖는 15세 아동은 경험을 통해서 실제 5세 아동보다 훨씬 많은 것을 잘할 수 있다. 이러한 이유로 장애가 있는 아동이 어느 수준에 있는지를 알기는 어렵다. 부모, 교사, 활동보조인, 심리학자에게 의견을 물어봄으로써 이들의 행동을 보다 잘 이해할 수 있을 것이다.

지적장애가 있는 아동이 다른 장애가 있는 경우도 있다. 이러한 아동의 일상생활 기능은 발달 정도와 기능 저하 두 가지로 특징지어진다. 지적 저하는 세 가지 수준, 즉 고도(高度), 중등도(中等度), 경도(輕度) 지적장애로 나눌 수 있다.[4]

고도(高度) 지적장애

고도 지적장애아동은 다른 장애도 동반하는 경우가 많고 기능 수준도 낮다. 그렇기 때문에 일상생활에서 계속적인 돌봄이 필요하다. 그들은 음성언어를 사용하여 의사소통을 할 수 없는 경우가 많기 때

---

4) 【한국역자 주】 현행 DSM-5에서는 지적장애의 정도를 경도, 중등도, 고도, 최고도/ICD-10에서는 경도, 중등도, 중증, 최중증, 4단계로 구분하고 있다.

문에 욕구를 주변에 전달하기 위해서는 음성언어 이외의 방법을 고안해야 한다. 그 방법으로 수화, 의사소통을 위한 보조도구, 신뢰관계인이 아동의 신호를 통역하도록 하는 것 등이 고려된다. 이러한 방법으로 아동의 욕구와 희망을 채워 주는 노력을 할 수 있다.

중등도(中等度) 지적장애

중등도 지적장애아동은 사람과 의사소통을 하고 자기의 기본적인 욕구를 충족하는 것을 학습할 수 있다. 단지 이러한 가능성도 다른 사람과의 상호 작용을 곤란하게 하는 다른 장애가 있는지 여부에 따라 달라진다. 이러한 아동은 일상생활을 영위하고 다른 사람과 교류하기 위해서 여러 가지 보조도구나 의사소통 보조도구를 가지고 사용하는 경우가 많다.

경도(輕度) 지적장애

경도 지적장애아동은 기능 수준 저하가 눈에 보이지 않는 경우도 있다. 고도, 중등도 지적장애의 경우도 그렇지만, 장애는 항상 인지할 수 있는 것이 아니기 때문이다. 이러한 경우 주위 사람들은 아동의 적응 능력의 범위를 이해할 수 없기 때문에 오해를 하거나 과도한 요구를 하는 경우가 있다. 경도 지적장애아동의 대부분은 말할 수 있는 능력이 있고 많은 아동이 읽고 쓰기를 습득하고 사회에서도 비교적 평균 수준으로 생활할 수 있다. 그러나 자신의 생각을 표현한다거나 받은 질문에 대답하기 전에 생각할 더 긴 시간이 필요하다.

학교에서의 상황

대부분의 지적장애아동은 특수교육과정에 들어간다. 스웨덴에서는 특별지원학교가 다양한 수준으로 배치되어 있으며 장애 정도와 부모의 희망에 따라 어떤 교육을 받을지가 결정된다. 경미한 정도의 지적장애가 있는 경우, 아동은 특별지원학교에 다닐 것인지 일반 학교와 통합되는 형태로 다닐 것인지를 선택할 수 있다. 경도의 경우에는 후자가 보다 일반적이다. 이러한 경우 특별교육과정을 이수하면서 일부 수업은 별도로 받을 수 있다. 그러나 많은 시간 특별교육과정 학급에 있을 수 있다. 특별지원학교에서는 경도 또는 중등도의 지적장애아동도 통학을 한다. 중점 교육을 통해 아동은 많은 것을 혼자의 힘으로 해결하는 법을 배우고 높은 자율성을 획득할 수 있다. 고도의 지적장애아동은 일반적으로 훈련소에 다니는데 거기에서 개인별 필요와 능력에 맞추어 교육이 이루어진다. 아동이 다니는 학교에 대한 정보는 면담자가 아동의 기능 수준을 어느 정도 예측할 수 있게 해 준다.

4. 신경발달장애

아동이나 청소년 진단에 있어서 어떤 종류의 증상은 신경발달장애라고 불린다. 여기에서는 자폐증, 아스퍼거 증후군, ADHD/ADD 그리고 투렛증후군으로 정의하기로 한다. 신경발달장애로 진단된 아동은 같은 연령의 아동과 비교해서 아래와 같은 능력에 중요한 문제가 있을 수 있다.

1. 주의조절: 학업 수행 등에 있어서 초점을 맞추고 집중하는 능력에 제약이 있다
2. 충동조절과 활동 수준: 충동을 억제하는 능력에 제약이 있다. 발달장애아동은 주위의 온갖 자극에 반응을 하고, 그렇기 때문에 일정한 활동 수준을 유지하지 못하게 된다. 「몸 안에 개미가 있는 상태[5]」라고 불리기도 한다

---

5) 몸이 불안하고 안절부절못하는 상태. 스웨덴의 관용구.

3. 다른 사람과의 상호 작용: 다른 아동과 교제하고 갈등을 해결
   하는 것, 사회적 약속의 의미를 이해하는 것 등에 제약이 있다
4. 기억과 학습: 장시간 학습에 집중하는 데 어려움이 있고 기
   억에 문제가 발생하는 경우도 있다
5. 말하기 및 쓰기로 자기를 표현하는 능력: 집중할 수 없기 때
   문에 읽고 쓰는 것에 문제가 발생하는 경우가 있다
6. 운동 기술을 조절하는 능력: 손발을 제어하고 차분하게 멈추
   는 것을 조절하는 것이 어렵고 물건을 다루는 것이 서툴게
   보이는 경우가 있다. 대근육 운동과 소근육 운동 기술에 모
   두 영향을 받을 가능성이 있다

이러한 곤란은 누구에게든지 다소 존재한다. 그러나 이러한 곤란
이 인간 발달이나 사회적 적응에 큰 영향을 미치는 경우를 장애라고
진단한다.

자폐스펙트럼장애 또는 전반적 발달장애

진단 시스템은 자폐증을 전반적 발달장애 스펙트럼으로 분류한
다. 그것은 자폐스펙트럼장애에 포함된 여러 가지 장애(기능이 저하된
상태)의 한 가지이다. 그 밖에 비전형 자폐증, 소화기붕괴성 장애, 아
스퍼거 증후군으로 진단되는 경우도 있다. 자폐증은 선천성 또는 조
기 후천성 뇌기능 발달지체에 의한 장애이다. 약 1,000명 중의 한 명
꼴로 자폐 진단을 받는다. 그리고 1만 명 중 2.5명이 아스퍼거 증후
군으로 추정된다. 이러한 장애가 있는 사람의 대부분은 남성이지만,
여성의 비율도 증가하고 있다. 자폐증 또는 자폐스펙트럼장애에 포
함된 기타 진단은 지적장애, 뇌전증, 시각장애 등과 같은 다른 장애
와 동반할 수도 있다. 자폐스펙트럼장애가 있는 아동은 지적능력을
충분히 발휘할 수 없는 경우도 있다. 그렇게 되면 다른 장애와 맞물

려서 인지기능의 사용이 제한된다.

조기에 적합한 지원과 교육을 받는다면 자폐증이 있는 사람도 장애는 있지만 발전할 수 있다. 여러 가지 대체적 의사소통 방법, 예를 들어서 시각에 기초한 의사소통은 주위 사람과 교류할 가능성을 높여 준다. 자폐증이 있더라도 평균 범위 또는 높은 수준의 지능을 가진 사람은 학교생활과 상급 수준의 학업 과정을 문제없이 수행할 수 있다. 그렇다 하더라도 아동기 때부터 어른이 될 때까지 일상생활에서 많은 지원이 필요한 경우가 많다. 예를 들어, 청소, 청구서 지불, 사람과 사회와의 접촉 등이 그러하다.

자폐스펙트럼장애 진단을 받은 사람 중 일부는 주위 사람으로부터 매우 특이한 사람으로 취급받기도 한다. 그들은 자신의 행동이 다른 사람에게 어떤 영향을 미치게 될 것인지를 이해할 수 없다는 문제를 안고 있다. 이상한 행동의 예로는 의자에 앉아서 몸을 앞뒤로 흔드는 것, 양손을 계속해서 흔드는 것, 몸의 움직임이 다양한 형태로 반복되는 것, 이상한 방법으로 다른 사람에게 접촉하는 경우 등이 있다.

또한, 그들은 대화에 있어서 무뚝뚝하고 과도하며 상스러운 언어를 사용하기도 하고, 직설적이고 솔직하게 말하는 경우도 있다. 그러나 그들은 이러한 표현이 다른 사람에게 상처를 줄 수 있다는 것을 이해하지 못한다.

이러한 이유로 사회적 규범과 관련하여 오해가 발생하기도 한다. 예를 들어, 자폐스펙트럼장애를 가지고 있는 사람은 눈을 맞추는 데 어려움을 겪는 경우가 있는데 이러한 장애에 대해 모르는 사람은 눈을 맞추지 않는 것을 다른 의미로 오해할 수 있다. 정직하지 못하다거나 켕기는 것이 있다거나 사회적으로 미숙하다고 생각할 수도 있다. 자폐스펙트럼장애가 있는 사람은 미지의 상황에서 어떻게 행동해야 하는지를 배우지 못하기도 한다. 이런 이유로 그들은 개인적 공간이 침해당했다고 생각이 들 정도로 바로 옆에 서거나 앉는 경우가 있다. 또한 결과를 예측하지 못하고 부적절한 방식으로 다른 사람의 행동을 따라하거나 모방하기도 한다. 예를 들어 자폐스펙트럼장애가 있는 아동은 다른 아동이 유리창에 돌을 던지는 것을 보고는 이를 따라할 수 있다. 하지만 다른 아동은 그 장소에서 바로 도망가는 반면, 자폐스펙트럼장애 아동은 돌을 던진 후에도 그대로 남아 있어 벌을 받을 수 있다. 또한 같은 연령의 아동에게 속아서 범죄임을 모르고 가게 물건을 슬쩍 훔치기도 한다. 이상한 행동과 표현 방법 때문에 자폐스펙트럼장애를 가진 아동은 사회생활에서 소외되기도 하고, 사회적 신호를 이해할 수 없기 때문에 왕따의 대상이 되기도 한다.

자폐스펙트럼장애를 가진 사람은 사람의 얼굴을 기억하는 것이 어렵다. 그래서 환경이 바뀐 경우는 물론, 일상생활에 있어서도 가까운 동료나 친구, 지인을 기억하지 못하는 경우가 있다. 그렇기 때문에 그들은 예의가 없는 사람, 사람에게 흥미가 없는 사람이라고 여겨질지도 모른다. 자폐스펙트럼장애가 있는 어느 여성은 아주 오랜 기간, 동일한 직장에서 일하고 있어도 동료의 얼굴과 이름을 일치시킬 수 없다고 호소한다. 그녀는 이러한 행동이 사람들의 눈에는 실례로 비춰진다는 것을 알고 있지만 그럼에도 동료의 얼굴을 기억할 수는 없었다.

자폐스펙트럼장애가 있는 아동이 지적장애를 동반하는 경우도 있는데, 이러한 경우 그들은 일상생활에서 기능을 발휘하기가 더욱 곤란하다. 두 장애를 동반하는 아동에게는 정상발달아동과 같은 응답을 기대할 수 없다. 특히 낯선 환경에서는 더욱 그렇다.

자폐스펙트럼장애의 증후는 통상 세 가지 그룹으로 분류할 수 있다.

1. 다른 사람과 상호 교류하는 능력에 큰 제약
2. 다른 사람과 의사소통하는 능력에 큰 제약
3. 상상, 놀이, 행동, 흥미, 관심에 있어서 큰 제약

■ 예측할 수 있는 경험이 안정감을 준다

자폐스펙트럼장애가 있는 사람에게는 미리 계획되고 구조화되어 있는 것 그리고 매일 일상생활이 동일하게 진행되는 것이 중요하다. 그들 대부분은 일상생활을 적절하게 영위하기 위해 정해진 일과에 따라 생활한다. 예측하지 않은 사건이나 변화는 공포나 불안을 불러일으킨다. 새로운 환경에 적응하는 데는 긴 시간이 필요하고 정해진 순서를 지키는 것은 필수적이다. 일부는 강박적으로 순서나 규칙에 집착하는 행동을 보이기도 한다. 새로운 상황이 발생하는 경우, 미리 적절한 시기에 그 상황에 대해서 가능한 한 상세하게 설명해 주어야 한다. 이는 「시리즈 대화」라고 불리는 작업을 통해서 해결될 수 있다. 「시리즈 대화」란 전개될 상황을 만화의 시리즈와 같이 소개하는 것을 말한다. 어떤 상황이 유연하게 진행될 수 있도록 모든 장면을 미리 설명하는 것이다. 이것은 면담하기 전에 아동이 무엇을 이야기해야 하는지를 준비하는 작업은 아니다. 사전에 아동이 이해할 수 있는 방법으로 앞으로 있을 상황을 설명하는 것이 중요하다. 면담에서 새로운 인물을 소개하는 것에도 긴 시간이 걸리는 경우도 있다. 따라서 아동이 이미 알고 있는 사람 한 명이 동석할 필요도 있다.

■ 다른 사람을 이해하고 의사소통을 하는 것이 어렵다

자폐스펙트럼장애가 있는 아동은 정도의 차이는 있지만 다른 사람과 의사소통을 하고 사회적 규범 안에서 융화하는 것이 어렵다. 이러한 이유로 그들은 세상으로부터 동떨어져 있고 교제하기 어려운 아동으로 간주된다. 또한 그들은 주위 사람이나 환경에 흥미가 없다. 그래서 자기만의 세상에서 살고 있는 듯한 인상을 줄 수도 있다. 실제 그들은 말을 걸어도 대답하지 않는 경우도 있고 일상 언어가 아닌 사인(sign)이나 그림을 이용해 의사소통을 할 수도 있다. 또한 말을 문자 그대로 이해하기 때문에 「손 좀 빌립시다(도와달라)」라는 말을 듣고 불안을 느낄 수 있다. 눈을 맞추고 싶어 하지 않거나 신체 접촉을 불쾌하게 느끼기도 한다. 자폐스펙트럼장애가 있는 사람은 경험한 정보를 활용하여 사실의 전체 맥락을 이해하는 것이 매우 서툴다. 다른 사람이 무엇을 어떻게 생각하고 있는지, 다른 사람이 무엇을 원하고 있는지도 그들에게는 이해하기 어려울 수 있다.

아스퍼거 증후군

자폐스펙트럼장애로 기술되는 장애의 대부분은 아스퍼거 증후군이 있는 사람에게도 해당된다. 그러나 장애 정도는 동일하지 않다. 이들 장애에 있어 가장 큰 차이는 아스퍼거 증후군이 있는 사람은 지적장애가 없다는 것이다. 그러나 지적장애가 없어도 일상생활에서 큰 곤란을 겪기도 한다. 아스퍼거 증후군이라고 진단하기 위해서는 3세까지 인지 또는 언어적 영역에서 발달 지체가 없어야 한다. 그럼에도 불구하고 아스퍼거 증후군이 있는 사람은 언어 사용이 특이하고 사회적 의사소통을 위한 능력이 부족하다. 정해진 대로 행동하는 것에 대한 집착은 사람과 만날 때 장애가 된다. 또한 제스처, 기억, 목소리 톤, 몸짓을 이해하는 것이 어렵고 사람을 대할 때 눈을 맞추지 않는 사람도 있다. 그들에게는 추상적인 표현이나 암묵적인 메시지는 이해하기 어렵다. 하지만 직접적이면서 명확하고 구체적인 의사소통이 이루어진다면 이해할 수 있다. 일상생활에서는 고정적으로 정해진 절차가 필요하고 변화는 「두려운 것, 무서운 것」이라고 여겨진다. 특별한 집착(행동 패턴)이 있기 때문에 이러한 행동 패턴에 몰두하기도 한다. 또 평균 범위에 있는 사람과는 다른 지각 요소들, 예를 들어 빛, 소리, 냄새, 접촉에 과민한 경우가 있고 이러한 것이 장애가 될 수도 있다. 또한 다양한 감각 정보를 한번에 적응하는 것이 어려울 수 있다.

아스퍼거 증후군을 진단받은 아동은 같은 연령대의 아동이 사용하지 않는, 나이에 맞지 않는 단어를 사용하는 경우가 있는데, 그들은 어른과 교류하는 편을 더 쉽다고 여길 수 있고 다른 아동이 표현하는 신호나 표현을 읽는 것에 미숙할 수도 있다. 그들은 평균 이상의 지능을 가지고 있는 경우도 있지만 특이한 행동 때문에 보통 아동과는 다르다고 간주되기도 한다. 그들은 또한 특별한 집착 대상, 예를 들어 공룡, 2차 세계대전에 특별한 관심을 가지고 있다면 그에 관한 것만 이야기하거나 대부분의 시간을 그와 관련된 활동에 소비한다. 비언어적인 신호를 이해하기 어렵기 때문에 집착하는 것에 대해 계속 이야기하고 상대방이 그의 혼잣말에 질려하더라도 이를 이해하지 못한다. 대화에서는 당연히 기대되는 말의 순서(대화 순서)를 이해하지 못할 수도 있다. 자폐스펙트럼장애를 가진 아동과 동일하게 아스퍼거 증후군 아동도 새로운 상황에는 준비가 필요하고 자신이 이행해야 하는 순서가 방해되면 반발하는 경우가 있다. 또한 하지 않고서는 참을 수 없는 강박적인 행동을 하기도 한다.

　따라서 전문가가 면담을 할 때는 면담 순서를 명확하게 구조화하고 무엇이 일어날 것인지에 대해서 미리 이야기해 주는 것이 그들의 불안을 경감시키는 데 중요한 역할을 한다. 면담의 목적이나 질문할 것을 설명해도 그들은 기억하지 못할 수 있는데 이러한 경우에는 앞서 설명한 것을 반복하여 이야기해 줄 필요가 있다. 아스퍼거 증후군이나 자폐스펙트럼장애 아동은 지적능력이 각 영역에 있어서 일정하지 않을 수 있는데, 예를 들어 시간 파악만 곤란한 경우도 있다. 이러한 경우, 시간을 묻는 질문에 대한 답변이 곤란할 수 있다. 또한 문맥을 이해하고 이치에 맞게 이야기를 하는 것이 어려울 수 있기 때문에 면담 시간, 규칙 설명(면담에서의 약속 사항)6), 질문을 종이에 적어 보

---

6) 「정말로 있었던 것을 말해 주세요」, 「질문을 이해할 수 없다면 이해할 수 없다고 말해 주세요」 등의 약속 사항.

여 주는 배려를 한다면 면담이 더 수월해질 거라고 생각한다.

▌ ADHD(주의력결핍 과잉행동장애)

ADHD의 기본적인 문제점은 주의력결핍, 충동성, 과잉행동이다. 이 중 과잉행동 증상이 없으면 ADD로 진단된다.[7] 또한 운동 기능과 인지기능에 장애가 있는 경우는 DAMP(Deficits in Attention, Motor control and Perception: 주의, 운동 제어, 인지 부족)으로 진단되는 경우도 있는데 이것은 국제적으로 인정되는 진단은 아니다. 집중한다든지 충동을 억제하는 것은 누구라도 어렵다. 이러한 문제가 일상적으로 존재하고 일상생활을 영위함에 있어 어려움이 있는 경우에 이러한 진단이 적용된다. 미취학 아동의 약 5%가 ADHD를 가진 것으로 추정되고 여아보다 남아가 많은 것으로 보고되고 있다. ADHD는 성인이 되어도 그대로 남아 있는 경우도 있지만 그들은 어른이 되기까지 장애에 대한 대처법을 배울 수 있다.

'주의력이 부족하다'라는 문제는 세부적인 것을 놓치고, 집중할수 없으며, 부주의하여 실수를 범하고, 지시에 따라서 과제를 마무리할 수 없는 곤란을 초래한다. '충동적이고 과잉행동을 보인다'라는 것은 자신의 자리에 차분하게 앉아 있지 못하는 것, 끊임없이 말하는 것, 다른 사람을 방해하는 것, 계속 움직여서 쉬지 못하는 것 등의 문제로 나타난다.

ADD 진단을 받는 아동은, 즉 다시 말해서 주의력은 부족하지만 과잉행동을 보이지 않는 아동은 산만하고 꿈을 꾸는 것처럼 보일 수 있다. 이런 아동은 지금 막 전달받은 질문을 다시 질문하거나, 대화에 집중하지 못하고, 딴 곳을 보거나, 인내력이 없으며, 근

---

7) DSM-4에 의하면 ADD는 공식적 진단이 아니고, 주로 주의장애를 가진 ADHD를 가리킨다. 과잉행동을 하는 ADHD와 복합 유형의 ADHD(주의력결핍과 과잉행동의 양쪽을 동반하는)도 ADHD의 진단 그룹에 포함된다.

긴장[8])이 저하되어 있다. 근긴장 저하가 있으면 아주 짧은 시간이라
도 금방 피로를 느낀다. 면담 중에 근긴장 저하나 피로함을 보이는
경우에는 집중력이 돌아올 때까지 휴식을 취하든지 몸을 움직여 줄
필요가 있다.

　ADHD나 ADD 아동을 면담할 때는 그들이 집중 가능한 시간이
짧다는 것을 이해하고 배려해 주어야 한다. 휴식 시간을 자주 갖거
나 다른 활동을 포함한 적절한 면담 계획을 세울 필요가 있다. 면담
실에는 이들의 주의를 방해하거나 자극이 되는 사물을 많이 두지 않
는 것도 중요하다. 그러나 그들 또한 「일대일」의 면담 상황에서는
집중할 수 있기 때문에 「일대일」 면담이 이루어진다면 문제없이 면담
을 잘 수행하는 경우도 있다. ADHD와 ADD의 문제가 표출되는 상황
은 면담이 구조화되어 있지 않은 경우, 여러 사람이 동석하여 있는 경
우, 방해받는 장소에서 면담이 행해지는 경우 등이다. 또한 장애가 발
현되는 경우는 면담을 하는 날에 따라 차이가 있을 수 있다. 수면 상
태, 식사 상태, 다른 근심거리 등이 영향을 줄 수 있다. 경우에 따라
서 면담을 연기하든지 장소를 바꾸거나, 아동에 따라서 면담 중에 몸
을 계속해서 움직이는 것을 허용할 필요도 있다. ADHD와 ADD 아
동과의 면담에 있어서는 면담자가 창조적일 필요가 있다.

▍ 투렛증후군

　투렛증후군은 반복적인 동작(운동 틱)과 발성(음성 틱)을 나타내
고, 6~7세경에 발병하는 경우가 많다. 음성 틱은 특정 단어 또는 구
문을 반복하여 소리 내는 것으로 나타난다. 주의해야 할 점은 틱을
보이는 아동은 많지만 모두가 투렛증후군은 아니라는 점이다. 투렛
증후군으로 진단되는 것은 틱이 장기간에 걸친 경우이다.

---

8) 근육의 지속적인 수축상태에서 자세를 유지하는 능력.

투렛증후군의 모든 원인이 명백하게 밝혀진 것은 아니다. 태아기에 신경계 발달 문제와 뇌의 보수계[9]에 자극이 주어졌을 때의 균형이 깨졌던 것 등이 원인으로 생각된다. 투렛증후군으로 진단되는 아동은 유아기에 아주 가벼운 장애가 있었다고 기록되어 있는 경우가 있다. 이는 투렛증후군의 아동이 이러한 반사 작용을 가지고 태어났을 가능성이 있다는 점을 시사하고 있다. 투렛증후군이 있는 아동은 다른 장애, 예를 들어 지적장애를 가진 경우도 있다. 그러나 대부분 지능은 정상적이며 틱을 제외하면 아무런 문제가 없다. 평균 아동과 다른 행동을 보이더라도 인지적인 곤란이 있다고 결론 내리지 않는 것이 중요하다.

투렛증후군이 있는 아동을 면담할 때는 사전에 만전의 준비를 해 두는 것이 중요하다. 면담자는 투렛증후군에 대하여 학습하고, 곧 직면하게 될 아동의 행동에 대한 마음의 준비를 하여 놀라지 않도록 해야 한다. 아동의 능력에 따른 면담과 대응이 가능하도록 아동의 기능 수준에 대해서도 명확하게 알아 두는 것이 필요하다.

▎요약

지적장애와 신경발달장애 또는 두 장애를 모두 가진 아동이 자신의 경험에 대하여 상세하고 또한 범죄와 관련 있는 내용을 명확하게 진술을 하는 것은 곤란할 수 있다. 그러나 그 진술이 정확할 수는 있다. 지적장애를 동반하는 자폐스펙트럼장애 등 복수의 진단이 내려지면 경험을 전달하는 것은 더욱 더 어려워진다. 또 장애와는 관계없이 자신의 몸에 일어난(또는 일어날 가능성이 있는) 문제에 대하여 말하고 싶어 하지 않는 아동이 있다는 점도 기억해 두어야 한다.

이처럼 이들 장애는 진단이 동일하더라도 각자가 가지고 있는

---

9) 욕구가 충족되면 활성화하고 쾌감을 감지하는 신경계.

문제와 그에 따른 영향은 다양하게 나타난다. 고도의 장애가 있는 경우에는 눈에 보이지 않는 다른 장애보다는 파악하기 쉬울지 모른다. 또 아동은 자신의 능력에 따라 발달하지만 주위의 사회적·문화적 환경에도 크게 영향을 받는다. 아동에게 진술하는 능력이 있고 면담자가 전문적인 지식을 가지고 있다고 하더라도 아동은 다른 사람으로부터 영향을 받고 있을지도 모른다. 다시 말해 충분히 진술할 수 있는 능력이 있어도 진술하려는 동기가 없는 경우가 있다. 아동이 자신의 경험에 대하여 말할 것인지 여부는 지적능력, 개인의 다른 적응능력, 기타 조건에 의존하게 된다. 따라서 이러한 아동에게 학대나 방임 피해가 의심이 된다면 아동을 어떻게 이해하고, 면담에 어떻게 대응해야 할 것인지에 대한 적절한 계획을 세워야 한다. 면담자는 지나치게 많이 말하지 않도록 주의하면서 간결하고 짧은 문장을 구성하도록 주의해야 한다. 아동이 글을 읽을 수 있다면 면담을 할 때 면담 시간과 그 구성을 써서 보여 주는 것도 좋을 것이다. 질문하는 경우도 동일하다. 눈에 보이는 형태로 쓰여 있다면 아동은 면담자가 구두로 말하는 것보다 잘 기억할 수 있을 것이다.

■ 지적장애가 있는 아동

지적장애는 개인마다 능력이 다르므로 일반화하여 설명하기는 어렵다. 그러나 앞에서도 기술한 것처럼 그들은 다음과 같은 장애를 가지고 있다.

· 사회적으로 적절하게 기능하는 것이 곤란하다
· 암시에 영향을 받기 쉽다
· 하나 또는 그 이상의 영역에서 발달에 지체가 있다
· 질문을 이해하는 것이 어렵다
· 시간과 장소에 관한 정보를 이해하는 것이 어렵다

· 의사소통을 하는 것이 어렵다
· 기억과 경험의 세부 내용을 자유 회상하여 말하는 것이 어렵다
· 지적능력이 낮다
· 다양한 인지적 문제를 안고 있다

■ 자폐스펙트럼장애가 있는 아동

이 진단에 해당하는 아동에 대해서도 일반화하기는 어렵지만, 다음과 같은 장애가 있을 것으로 예상된다.

· 눈을 맞추는 것과 눈을 계속 쳐다보는 것이 어렵다
· 강한 감정 표출이 있고 낯선 체험과 낯선 사람이 불안을 야기한다
· 어떠한 감정이 일어날 것인지를 예측하고 표현하는 것이 어렵다
· 지적능력이 불균등하다
· 이전에 이야기한 것과 질문을 기억해 두는 것이 어렵다
· 사람이 가지고 있는 지식, 생각, 감정, 동기에 관한 질문에 대
  답하는 것이 어렵다
· 사람의 몸짓을 이해하는 것이 어렵다
· 원활한 인간관계를 유지하는 방법을 이해하는 것이 어렵다
· 말이든 아니든 사람과 의사소통을 하는 것이 어렵다
· 설명이 극단적으로 상세하고 정확성에 집착한다는 문제가 있다
· 행동의 범위에 제약이 있거나 관심의 범위가 좁은 경우가 있다

■ ADHD 아동

이 진단에 있어서도 장애에는 차이가 있다. 그러나 ADHD의 아동에게는 다음과 같은 문제가 있다는 점을 고려해야 한다.

· 집중하는 것이 곤란하다

· (여러 사람보다는) 한 사람과 의사소통하는 편이 용이하다
· 아동의 상태는 수면, 불안, 식사 섭취 등의 영향을 받아서 그
  날그날 바뀐다

■ 투렛증후군 아동

이 진단이 내려져 있어도 다른 장애가 없으면 아동의 지적능력
에는 문제가 없을 수도 있다. 다만 다음과 같은 점에 주의할 필요가
있다.

· 불수의적인 틱, 발성이 반복된다

제 3 장
지적장애, 신경발달장애 또는
두 장애를 모두 가지고 있는 아동면담

면담에서 진술자는 면담자와 상호 영향을 주고받는다. 그렇기 때문에 어떠한 목적의 면담이든지 면담자는 항상 대화[1]의 공동 구성자가 된다. 의사소통은 말하는 사람들이 특정한 화제를 기초로 해서 상호 작용함으로써 이루어진다고 할 수 있을 것이다(Linell, 1998). 아동은 면담자에게 협력하려고 시도하고 면담 중에 사회적인 관계성을 유지하려고 한다. 아동은 (그들이 생각하는) 면담자의 기대에 기초해서 답하는 경우도 있다. 면담자가 자신의 생각을 주장한다든지 단언함으로써 대화를 통제하고 아동의 생각을 대변한다면 아동은 자신의 경험을 근거하여 진술한 것을 철회할지도 모른다(Aronsson & Hundeide, 2002).

전문가는 면담 목적에 맞게 말하는 방식을 변화시켜야 한다. 아동이 경험한 사건에 대한 전체의 큰 그림을 얻고자 한다면 그리고 가능한 범위 내에서 정확한 설명을 듣고자 한다면 면담자는 카운슬링과 사법면담[2]의 차이를 인식해야 한다. 사법면담에서는 면담자의 통제를 최소화함으로써 아동이 말할 수 있도록 해야 한다(Cederborg

---

1) 면담에서는 일문일답이 아닌 가능한 한 자발적으로 말하는 것을 확보할 것이 요구된다.
2) 일본에서는 피해확인면담, 사실확인면담이라고도 한다.

m.fl., 2000; Cederborg&Lamb, 2008b). 여기서는 발생한 사건 경과에 대해서 많은 객관적 사실을 얻는 것이 중요하다. 면담자가 아동의 진술에 과도하게 개입하면 그것은 아동이 경험한 것에 대해서 아동 자신이 진술한 것이라기보다는 발생한 사건의 경과에 대해 면담자와 아동의 이해가 섞여진 것으로 볼 수 있다. 카운슬링에서는 면담자가 아동의 이야기를 그대로 수용하고 아동의 입장에 설 수 있다. 따라서 카운슬링은 아동의 행동과 결과에 초점을 맞추어 그 사회적, 심리학적인 상황을 이해하고 임상적 태도로 아동을 대하는 것이 중요하다. 이에 대한 목표는 인지적, 행동적, 감정적인 변화를 이끌어 내는 것이다. 이에 반하여 사법면담은 따뜻하고 중립적인 태도를 견지하면서 아동에게는 영향력을 미치지 않고 정보를 얻어 내야 한다.

사법면담에서는 누가 하는가, 어떤 방법이 가장 자연스럽게 느껴질 것인가에 따라서 면담 스타일에 차이를 줄 수 있다. 면담을 받는 아동도 각각 개성이 있고 발달 단계도 각기 다르다. 더욱이 각각의 사건이 모두 다르기 때문에 아동에게 사건을 자유롭게 이야기하도록 만드는 것은 쉬운 일이 아니다. 그렇지만 많은 연구가 제시하고 있는 것처럼 장애 유무에 관계없이 아동이 무엇을 기억해 내고 어떻게 이야기할 것인가는 면담 방식에 의존한다(Lamb m.fl. 1996a; Craig m.fl 1999; Davis m.fl., 2000; Perlman m.fl., 1994). 스웨덴에서 행해진 연구에 의하면 유감스럽게도 담당 기관에서 부적절한 면담 기법을 사용한 것이 적지 않게 보고되고 있다. 질문이 아동의 발달 단계에 적합하지 않을 뿐만 아니라 질문의 대부분이 유도적이고 암시적이다(예를 들어, Cederborg m.fl., 2000; Cederborg & Lamb, 2008b). 부적절한 면담 기법에 의하여 아동이 진술할 수 없다거나, 오해를 받는다거나, 진술이 신뢰받지 못하는 문제가 발생할 수 있다.

장애 유무와는 관계없이 면담자는 가능한 한 개방형 질문을 사용하여 최소한의 단서를 지원하는 상태에서 아동이 자신의 언어로 이야기할 수 있도록 독려해야 한다(Cordon & Schroeder, 1995; Poole & Lamb, 1998; Lamb, 2008). 어떤 아동이 통제당하지 않고 진술할 수 있을지를 사전에 예측하기란 어렵다. 발달장애가 있는 아동의 능력은 장애 정도와 관련이 있겠지만 기억력에 제약이 있고 암시나 유도에 영향을 받기도 쉽다(Gudjonsson & Henry, 2003). 자폐스펙트럼장애 아동이 면담 장소에서 어떻게 행동하는지에 관한 연구는 충분하지 않다. 그러나 그들은 다른 사람의 감정이나 생각에 관한 질문에는 매우 대답하기 어렵고 면담자가 사용하는 보디랭귀지를 오해할 수도 있다(Trevarthen, 2000). 그들은 발생한 사건에 관한 상세 정보를 제공할 수 있으나 같은 사건에 대한 간단한 질문에는 대답을 못할 수도 있다(Gillberg, 1995). 어떠한 경우에서든지 면담자가 리드하기 전에 아동이 스스로 말한 진술을 얻어야 한다. 면담자는 보다 개방형 질문3)으로 질문을 시작한 후 필요에 따라서 보다 초점이 맞춰진 질문4)을 해야 한다(Gordon & Schroeder, 1995; Pool & Lamb, 1998). 아동의 개인차에 따라 어떻게 질문을 할 것인지에 대한 면담자의 지식이 정확한 진술의 확보 여부를 좌우하게 된다.

다음에서는 전문가가 장애아동에 대한 면담을 하기 전에 또는 면담 과정에서 고려해야 하는 상황을 설명하였다. 지적 · 신경발달장애 또는 두 장애를 모두 가지고 있는 아동에 초점을 맞추겠지만 일반 아동에게도 폭넓게 적용할 수 있을 것이다.

1. 면담 계획 수립

아동이 학대나 방임 피해를 입었다는 의심이 있다면 가능한 한

---

3) 권유(「말해 보세요」) 등의 제약이 없는 질문.
4) 무엇, 누가, 어디서 등의 Wh질문.

빨리 면담을 실시할 필요가 있다. 이는 아동이 경험한 전체 상황을 이야기하는 것에 영향을 준다. 아동의 능력, 적응력, 행동을 조기에 세밀하게 조사해 둔다면 면담자가 아동에게 적합한 면담을 할 수 있는 가능성은 높아진다(Jones, 2003). 예를 들어, 지적장애 아동은 정보를 곧바로 잊어버릴 수도 있고 다른 사람으로부터 영향을 받기 쉽다. 다만 면담을 빨리 실시한다고 하더라도 준비 시간은 확보해야 한다. 면담에 있어서 면담자가 부적절한 태도를 취하지 않기 위해서는 면담 계획을 세우는 것이 중요하다. 사안이 각각 다르더라도 면담 계획을 세우면서 아동의 특성을 알게 되고 어느 정도 경험을 말하게 할 수 있을지를 세밀하게 조사하여 계획할 수 있다. 또한 그 사건에 대해서 다른 사람이 알고 있는 정보를 수집하는 과정에서 아동과 적절하게 접촉하는 상황을 설정할 수도 있다. 아동이 자신의 경험을 여러 전문가에게 반복하여 진술하는 것을 피하기 위해서 경찰관, 검사, 아동보호전문기관, 소아정신건강의학과 의사, 아동·청소년 양육 담당자, 기타 지원자의 참여를 조정하는 것도 계획의 일부가 된다.

사건, 아동의 생활 상황, 아직 확인되지 않은 피해에 대해서 가능한 한 많은 정보를 수집하는 것 이외에도 아동에게 장애가 있다면 그 장애에 관한 지식을 갖추는 것도 중요하다. 면담자에게는 특별한 전문적 능력이 요구될 수도 있고 장애 관련 전문가에게 문의함으로써 장애에 따른 기능 저하가 진술에 미칠 수 있는 영향이나 필요한 절차에 대한 식견을 얻을 수 있다. 이미 아동이 진단이 되어 있다면 아동의 적응력에 관한 판단은 이행한 것이 된다. 이러한 경우 장애를 진단한 전문가에게 연락을 취하여 문의하는 것은 아동에 대한 정보를 얻는 데 있어서 중요하다. 전문가는 아동의 지적능력과 기능, 성숙도, 언어, 이해력 등에 대해 설명해 줄 것이다.

진단한 전문가와 연락이 되지 않는다면 아동·청소년 양육 분야의 전문가에게 연락을 하여 아직 확인되지 않은 그 진단이 어떤 문제를 유발할 수 있는지에 대한 설명을 들을 수 있다. 지식이나 정보를 얻을 때는 오래전에 받은 낡은 진단을 사용하지 않도록 주의할 필요가 있다. 「낡은」 진단은 현재의 진단 방식과 달라서 장애와 아동에 대한 잘못된 이미지를 형성할 수 있다.

아동은 이해관계가 없는 사람에 의한 특별한 지원이 필요할 수 있고 그러한 경우 면담에 그 사람을 동석시켜야 할 수도 있다. 지원자에게는 면담 도중에 아동의 진술에 참견하지 않도록 면담에 대해서 충분히 주의시키는 것이 중요하다.

아동에게 최선의 환경을 제공하기 위해서는 면담 시간을 짧게 하거나, 면담을 중단하거나, 가까운 일정으로 몇 차례 면담을 하는 것이 필요할 수 있다.5) 또한 휴식 없이 한 차례에 진행되는 면담에서 아동이 모든 정보를 제공할 수 없다는 사실이 확인될 수도 있다. 이러한 경우를 대비하여 몇 차례 더 면담을 진행할 수 있다는 가능성도 계획에 포함시켜야 한다.

아동이 지적장애, 신경발달장애 또는 두 가지 장애를 모두 가지고 있는 경우, 면담자가 장애에 대한 사전 지식이 없다면 아동으로부터 진술을 얻지 못할 위험이 높아진다. 따라서 사전에 다음 아래 항목에 대해서 확인해 두면 좋다. 장애가 있다면 아래 질문에 대한 대답은 장애의 특징을 명확하게 해 줄 수 있다.

1. 아동은 어느 학교에 다니고 있는가?
2. 아동에게는 특별지원교육을 위한 교사가 있는가? 있다면 그 이유는 무엇인가?

---

5) 【한국역자 주】 원칙적으로 면담은 최소한의 횟수로 실시해야 하며 이 책도 같은 입장으로 이해된다.

3. 아동이 주위 사람도 알 수 있는 장애를 가지고 있는가? 그러한 장애를 가지고 있다면 아동이 말하는 것을 이해하기 위해서 어떤 지원 방법이 사용되고 있는가?
4. 개인적인 경험을 말하는 것에 대해 아동이 어떤 능력(묘사, 필기, 기억, 상세한 보고 등)을 가지고 있는가?

아동이 어떤 장애 징후를 보인다는 것을 알았다면 면담에서 최선의 정보를 얻을 수 있도록 장애에 기초하여 면담 계획을 세워야 한다. 면담자는 면담 각 단계에 있어서 어떻게 정보를 이끌어 낼 것인지를 사전에 생각해 두는 것이 중요하다. 아동이 최적의 상태로 면담에 임할 수 있도록 도입 부분을 어떻게 구성할 것인지, 면담 중에 어떤 개방형 질문을 할 것인가를 생각해 두어야 한다.

┃ 요약

☑ 면담 전에 장애의 영향에 대해서 조사한다
☑ 아동의 일과나 행동에 대해 조사한다
☑ 지원자가 필요하다면 찾아둔다
☑ 특별한 보조기구가 필요하다면 준비한다
☑ 질문을 준비한다
☑ 추가 면담을 계획한다

2. 면담

면담을 진행하면서 일반적인 권장 사항을 항상 따르지는 않는다. 장애가 있고 의사소통이 어려운 아동은 면담을 앞두고 긴장할지도 모른다. 아동이 면담자와 처음 만나는 경우, 아직 라포가 형성되지 않은 채 개인적이고 예민한 주제에 대해서 이야기를 하게 되는데 이러한 경우 면담에서 상당히 곤란한 상황이 발생하게 된다. 그렇기 때문에 아동과 면담자가 서로 알아가는 시간을 사전에 확보하는 것이 좋다. 면담자가 아동과 사전 면담을 하고 이후 일정에 대해 설명할 수 있다면 아동은 긴장을 풀 수 있고 면담자와 아동 사이에 보다 긍정적인 관계를 형성할 수 있다. 이런 사전 면담이 피암시에 대한 의심을 받을 수 있다면 그 내용을 녹음해 두는 것도 피암시성에 대한 도전을 해결하는 한 가지의 방법이다(스웨덴이나 영국에서는 사전에 면담하는 것이 권장되는데, 반면 사전 면담이 바람직하지 않다는 견해도 있다).

면담을 어디에서 할 것인지에 대해서는 조정이 필요할 수 있다. 장애아동은 그들에게 익숙한 장소에서 면담을 하는 것이 편할 수 있다. 그러한 장소에서 면담하는 것이 어렵다면 면담자는 아동이 최대한 방해받지 않고 말할 수 있는 장소를 선정하여 아동을 배려해야 한다.

다음의 각 사항은 장애아동을 면담할 때 면담자에게 권장되는 기본 사항이다. 인용되는 사례는 범죄피해자기금으로 연구되고 있는 프로젝트 「아동·범죄·핸디캡」에서 발췌하였다. 이 연구에서는 범죄피해가 의심되는 지적 또는 신경발달장애로 진단받은 아동에 대한 70개의 면담 사례에 대한 검토가 이루어졌다. 제시된 사례는 가능한 질문과 응답으로 구성되어 있으며 실제 사례는 아니다. 장애아동에게 있어서 질문에 대답할 수 있는 능력과 동기부여에 차이가 있다는 점에 유념해야 한다. 사례의 대답은 예시로서 실제 사례와는 다르다.

▌면담에서의 동석

일반적으로, 제한된 사람만 면담실에 들어갈 것을 권장한다. 그러나 특별히 필요한 경우 아동의 신뢰관계인이 동석하는 것도 필요하다. 그러므로 신뢰관계인이 필요한지 여부를 사전에 검토해 두는 것이 중요하다. 신뢰관계인이 필요한지 여부는 가능한 한 아동 본인에게 물어보는 것이 좋다. 신뢰관계인이 면담실에 있으면 아동에게 영향을 미칠 위험은 높아진다. 예를 들어, 아동과 관계가 가깝고 자진해서 입회를 희망하는 사람 중에는 아동이 말할 때 끼어드는 사람이 있을 수 있다. 또한, 아동은 도움을 받는 것에 익숙해져 있다. 따라서 사건 경과에 대해 생각해 내고 말하는 것에 대해 도움을 받는 것이 어째서 안 되는 일인지에 대해 아동은 이해할 수 없을지도 모른다. 피해 내용에 대한 예민한 진술을 하는 경우에 신뢰관계인이 있다는 것은 아동에게 있어서도, 신뢰관계인에게 있어서도 마음이 편하지 않을 수도 있다. 면담 중에 신뢰관계인을 둘 필요가 있다면 신뢰관계인에게 아동의 진술을 방해해서는 안 된다는 것, 질문을 하거나 아동 대신 답을 해서는 안 된다는 것을 설명하는 것이 중요하다. 신뢰관계인을 동석하게 하는 이유는 아동으로부터 정확한 정보를 얻기 위한 배려 차원이 아니라(진술은 오히려 부정확하게 될 수 있다) 아동에게 있어서 면담에 대한 편안함을 주기 위한 배려이다.

▍아동을 가장 우선으로 생각해라

면담자는 아동의 행동, 반응, 응답에 주의하면서 아동을 리드하는 것이 아니고 아동에 맞춰서 따라가는 것에 전념해야 한다. 그리고 경험을 말하는 주인공은 아동, 그 자신이라는 것을 아동에게 전달해야 한다. 이를 보다 잘 하기 위해서는 다음과 같이 배려해야 한다.

■ 권위적인 태도를 취하지 않는다

장애 유무와 관계없이 아동은 면담자를 권위자라고 생각할 수 있다. 그 결과 아동은 순응하게 되고 면담자가 물어보고 싶어 한다고 생각하는 것을 말할 수 있다. 또한, 아동은 권위를 가진(권위를 가졌다고 아동이 느끼는) 사람을 두려워하는 경우도 있다. 아동이 어떤 반응을 할 것인지를 예측하기 어렵기 때문에 면담자는 권위적인 태도를 취하지 않도록 주의해야 한다. 아동은 또한 장애 유무와 상관없이 실제보다 유능한 것처럼(의도하지 않고도) 행동하는 경향이 있다. 이는 장애가 있다는 것을 말하고 싶지 않기 때문일지도 모르고 스스로에 대한 자신감이 없어 다른 사람들의 시선을 너무 신경 쓰기 때문일지도 모른다.

■ 아동의 능력에 맞춘 적절한 언어와 표현을 사용한다

질문할 때에는 가능한 한 개방형 질문을 사용하고 아동의 언어 수준에 맞는 단어를 사용해야 한다. 말을 이해하기 쉽게 하는 방법 중에 하나는 단순한 문법을 사용하는 것이다. 또 아동이 이해 못하는 중요한 어휘는 명확하게 의미를 전달하고 복잡한 말이나 용어, 문장은 피해야 한다. 진술을 강요받고 있다고 느끼지 않도록 하고 아동의 말을 면담자가 잘 듣고 있다는 것을 느낄 수 있도록 하는 비언어적 대응도 중요하다. 그리고 의사소통에 있어서 아동이 말뿐만 아니라 제스처나 몸짓을 어떻게 사용하는지를 미리 알아 둔다면 오해가 발생할 가능성을 줄일 수 있다. 면담자가 제스처나 몸짓을 포함한 자신의 언어 사용법에 주의를 기울인다면 아동이 면담자의 언동을 잘못 이해하는 것을 방지할 수 있다.

부적절한 단어의 선택, 몸짓, 목소리 톤, 표정, 질책하는 듯한 어조, 특정한 대답을 전제로 하는 것과 같은 질문은 아동에게 암시나 유도 등의 부정적 영향을 줄 수 있다. 또한 면담자가 아동에게 겁을 주거나 거래를 하거나 대립하는 것, 강제하거나 협박을 해서는 안 된다. 아동에게 경의를 가지고 대응해야 한다. 진정으로 공감적이면서 관심이 있는 대응 그리고 아동의 진술능력과 상황에 적합한 대응이 이루어져야 한다.

모든 아동이 어떤 배경과 계기로 면담을 하게 되었는지, 면담을 통해 어떤 것이 기대되는지를 인식하고 있지는 않다. 따라서 면담자는 아동의 언어적 발달에 맞추어 질문을 하는 것뿐만 아니라 면담에서 대화를 주고받는 과정에서 아동이 무엇을 해 주었으면 좋겠는지를 알기 쉽게 전달하는 것이 중요하다. 특히 능력에 제약이 있는 아동에게는 무엇을 요구하고 있는지를 반복해서 알려 줄 필요가 있다.

■ 아동 경험에 대해 유연하게 생각한다

면담자는 아동에게 의심되는 피해나 아동이 생활하고 있는 환경에 대해서 자신의 생각을 유연하게 갖고 있어야 한다(다시 말해서, 개방적 태도가 필요하다). 질문은 「예」, 「아니오」로 대답할 수 있는 문장으로 구성하지 말고 개방적으로 접근해야 하고 질문의 특성을 잘 이해해 두는 것이 중요하다. 새로운 정보가 나왔다면 그것을 보다 상세하게 말하게 해서 이해를 높일 수 있도록 질문을 구성해야 한다. 면담은 정확한 진술을 얻는 것을 목적으로 하고 필요도 없는데 동일한 질문을 반복하지 않도록 하며 면담자의 가설과 이에 기초한 반응에 대해서는 잘 음미해 둘 필요가 있다. 또한, 대답이 '정말일까'라고 의심하는 태도로 보인다든지 무시하는 태도를 취하지 않도록 주의해야 한다.

■ 면담 시간대를 아동에게 맞춘다

면담 시간은 아동의 생활 상황과 태도에 맞추는 것이 중요하다. 설령 생활 상황에는 맞추지 못하더라도 장애아동을 30~40분 이상 면담하는 것은 곤란하다. 또 단시간 면담이더라도 1회에서 수회에 걸쳐 휴식 시간을 주는 것이 필요할 수 있다. 아동이 집중할 수 있는 시간은 짧다. 아동이 집중력을 상실하고 더 이상 협조적이지 못하다면 예정보다 빨리 면담을 중단할 필요도 있다. 면담에서 아동에게 유도나 암시 등 부정적 영향을 주거나 강요를 통해 진술을 끄집어낸 경우에는 법률적인 관점에서 볼 때 아동 진술의 신빙성에 대한 가치 판단이 이루어지지 못할 수 있다. 면담을 중단한 경우에는 잠시 시간을 두고 한 번 더 면담하는 것도 가능하다(중단하고 한 번 더 면담할 경우 진술이 부정확하게 되었다는 연구 보고도 있기 때문에 주의가 필요하다).

■ 말하는 것보다 경청한다

면담자는 아동이 질문을 하면 답하는 것도 중요하지만 기본적으로 아동의 말에 경청하는 것에 전념해야 한다. 아동이 말을 하고 있을 때는 끈기를 갖고 귀를 기울이고 틈이 생겨도 바로 말하고 싶어지는 유혹을 억제해야 한다. 아동이 바로 대답을 할 수 없을 때는 그 자리에서 새로운 질문을 하지 말고 일정한 시간을 두고 아동이 생각할 수 있는 기회를 주어야 한다. 아동이 질문을 이해하지 못하거나 질문을 잊어버렸다고 생각될 경우 한 번 더 질문을 하는 것도 가능하다.

적극적 경청은 면담자가 사건에 대한 아동의 이해나 진술에 관심이 있다는 것을 아동에게 전달한다. 아동의 말을 경청하고 아동이 이야기하는 것을 잘 따라감으로써 면담자는 아동의 말에 흥미가 있다는 인상을 아동에게 전달할 수 있다. 아동이 말하고 있을 때 「응, 응」, 「아~ 그래」 등의 맞장구를 치는 등 관심이 있다는 것을 보여 주는 것이 중요하다. 또한 아동의 말에 간결한 질문을 함으로써 관심을 나타내는 것도 가능하다. 이 경우, 아동이 사용한 말을 그대로 이용해서 질문하는 것이 중요하다.

경미한 지적장애를 진단받은 10세 남아에 대한 면담

면담자: '어렵다'라는 것은 무슨 뜻이니?
아 동: '그걸 한 사람이 아빠'라고 말하는 것이 어려워요.
면담자: 응~
아 동: 아빠가 그것에 대해서 말하면 안 된다고 했는데 내가 말하면 아빠가 나를 때려요.
면담자: 응~
아 동: 아빠는 어쩔 때는 무섭지만 그래도 상냥해요.

장애아동은 대답하기 전에 생각하는 데 많은 시간이 필요하다. 그렇기 때문에 아래와 같은 주의 사항을 준수하는 것은 특히 중요하다.

1. 빠르게 말하지 않는다(다만, 아동의 주의가 금방 바뀌는 경우에는 너무 천천히 말하지 않는 것이 중요한 경우도 있다)
2. 한 번에 한 가지 질문만 하고, 질문 중에는 대답이 될 선택지를 포함시키지 말아야 한다
3. 새로운 질문을 하기 전에 대답을 기다려야 한다
4. 아동이 하는 말을 중간에 끊지 않는다
5. 유도질문과 암시질문을 피해야 한다. 그러한 질문을 이미 했다면 반복하지 않는다

■ 신체 접촉을 피한다

피해가 의심되는 아동을 면담할 때 면담자는 자신에게 어떤 감정이 강력하게 용솟음칠 때가 있다. '가엽다'라는 생각이 들 수 있고 신체 접촉을 통해 위로하고 싶다는 생각이 들 때도 있다. 그러나 이러한 행동은 권장하지 않는다. 아동이 이러한 종류의 의사소통을 어떻게 해석할 것인지를 예측할 수 없기 때문이다. 아동에 따라서는

이러한 형태의 행동에 대해 위협을 받고 있다거나 귀찮다거나 강제적으로 당하고 있다고 해석할지도 모른다. 이러한 이유로 면담자의 의도를 잘못 이해하거나 면담의 다른 장면에서도 부정적으로 반응할 수 있다.

■ 다른 사람의 생각이나 동기에 대한 질문을 피한다

다른 사람이 아동에게 보인 반응, 감정, 동기에 대해서 아동이 '어떻게 생각하는지'에 대한 질문은 피해야 한다.

자폐스펙트럼장애를 진단받은 9세 여아에 대한 면담

면담자: 그 사람이 왜 그랬다고 생각하니?
아　동: 몰라요.
면담자: 그건 그렇네. 그래서 그 사람이 너를 때리고 나서 무슨 일이 있었니?

장애 유무에 상관없이 아동이 다른 사람의 동기나 감정에 관한 질문에 대답할 것을 기대해서는 안 된다. 이러한 종류의 질문은 아동에게 추측할 것을 요구한다. 대답을 얻더라도 그에 대한 신빙성을 평가할 수는 없다.

■ 도구의 사용

해부학적 인형6)·그림7), 다이어그램 등의 도구 사용은 피해야 한다. 도구를 사용할 경우, 아동의 진술이(도구가 주는 자극 정보에 따라) 정확하지 않게 될 위험성이 있다. 그래도 도구를 사용해야 한다면 면담 마지막 부분에 도구 사용에 대한 지식을 가지고 있는 사람

---

6) 성기 등을 갖춘 인형.
7) 성기 등도 그려진 신체 그림.

이 사용해야 한다. 그리고 도구와 함께 이루어지는 질문은 유도적이 거나 암시적이어서는 안 된다. 자폐스펙트럼장애가 있는 아동은 손 가락으로 가리킬 수 있는 그림을 사용하여 진술하는 것이 용이한 경 우도 있지만 그렇다 하더라도 도구는 매우 주의해서 사용해야 한다. 아동에 따라서는 인형, 봉제 인형, 그림 등을 현실에 있는 사물(그 도 구가 상징하고 있는 사물)과 연관 짓는 것에 어려움을 느낄 수 있다. 또한 자폐스펙트럼장애나 지적장애 아동에게 정확한 진술을 들을 때 어떠한 도구를 사용할 수 있을지에 대한 선행 연구도 없기 때문에 사용에 주의해야 한다.

도구를 사용한 경우 아동의 진술은 신빙성이 없는 것으로 취급 될 가능성이 높아진다는 점을 기억해 두어야 한다.

요약

아동 개인의 진술능력에 맞는 면담 기법을 사용해야 한다. 장애 아동은 화제의 이해와 질문에 대한 응답이 어려운 경우가 있다. 그 렇기 때문에 면담자는 다음과 같은 내용에 주의해야 한다.

☑ 면담 상황이나 장면에 아동을 준비시킨다
☑ 비유적 표현이 포함되지 않고 문장의 구성이 복잡하지 않은 질문을 한 번에 하나씩 한다
☑ 대답하기 전에 생각할 시간을 준다
☑ 곧바로 새로운 질문을 하지 않는다
☑ 질문의 초점을 바로 바꾸지 않는다
☑ 새로운 것에 대해서 질문을 할 때는 새로운 질문을 하겠다고 안내한다
☑ 아동이 말하고 있을 때 끊지 않는다
☑ 신체 접촉을 피한다

☑ 유도적이거나 암시적 질문을 피하고 질문을 반복하지 않는다.
개방형 질문을 사용한다

☑ 아동이 평범하지 않은 동작을 해도 제지하지 않는다

☑ 심리적 안정을 주기 위한 물건[8]을 아동에게서 빼앗지 않는다

☑ 동작을 빠르게 하거나 큰 소리를 내지 않는다

☑ 보통의 침착한 소리로 말한다

☑ 도구를 사용하는 경우, 유도적이거나 암시적인 질문과 함께
사용하지 않는다

3. 면담 기법

비장애아동과 같이 장애아동에 대해서도 「권유하는 것」(예를 들
어, 「말해 보세요」 등)처럼 간결하고 구체적인 질문을 사용하는 것이
중요하다. 간결하고 구체적인 개방형 질문에 중점을 둔 면담은 아동
이 자신의 언어로 진술할 가능성을 높여 준다. 그러나 이러한 면담
기법을 사용하는 것이 용이하지는 않다. 아동이 개방형 질문에 대답
을 할 수 없을 경우에는 어느 정도의 단서 제시가 필요할 것인지를
생각해야만 면담을 진행할 수 있다. 반면, 조력을 통해 얻은 정보는
아동 스스로의 진술이라고 생각되지 않을 가능성도 있다.

면담자는 아동에게 자유 회상에 따른 진술이 어려워 보이더라
도 질문은 진술 권유에서부터 시작하고 그 후에 「초점화 질문」(Wh
질문)으로 옮기는 것이 바람직하다. 권유, Wh질문[9]도 개방형 질문으

---

8) 항상 가지고 있는 손수건 등.
9) 【한국역자 주】 국내에서 Wh질문은 '구체적 질문'으로 분류하고 개방형 질문과는
   다르게 평가하고 있다. 이 책에서는 질문의 방식(유형)을 다음과 같이 설명하고
   있다. ①맞장구 ②개방형 질문(권유, 초점화된 질문, 조합된 개방형 질문) ③명확
   화 ④요약 ⑤언어화 ⑥폐쇄형 질문(유도질문, 암시질문)

로 간주할 수 있다. 이에 대하여 「유도질문」(예, 아니오로 대답하는 질문)과 「암시질문」(아동이 아직 말하지 않고 있는데 면담자가 먼저 언급하는 질문)은 진술의 정확도를 떨어뜨린다. 권유나 초점화 질문에 따라서 아동은 일화적 기억(episodic memory, 경험한 사건이 기억으로 간직되는 기억 시스템)으로부터 정보를 불러올 수 있다. 권유는 기억으로부터 불러오는 정보의 내용에 제약을 주지 않기 때문에 유도질문, 암시질문과 비교하여 보다 풍부한 상세 정보를 끄집어낼 수 있다. 초점화 질문은 아동이 이미 말한 것과 관련하여 상세 정보를 이끌어내는 것에 중점을 두고 있다. 초점화 질문으로 짧은 대답만을 듣게될지도 모르지만 그럼에도 권유와 동일하게 아동 스스로의 진술을 개방적인 형태로 이끌어 낼 수 있다.

아동이 경험한 것을 말하는 능력에 차이가 있더라도 면담자가 아동이 최소한의 도움을 받아 자신의 언어로 보다 구체적으로 말할 수 있도록 격려하는 것이 중요하다. 장애아동이 개방형 질문에 대답하는 경우, 진술하는 과정에서는 사건과의 관련성을 발견하기 어려운 경우가 있다. 그래도 진술되는 정보는 정확할 가능성이 높다. 면담자는 개방형 질문을 사용함으로써 아동이 사건의 경과를 최대한 말할 수 있도록 도움을 줄 수 있다(Dent, 1986; Perlman m.fl., 1994). 개방형 질문을 통한 대답에서 얻은 정보는 보다 좋은 조건에서 평가될 수 있다.

지적장애가 있는 아동은 기억에 제약이 있는 경우가 많고 쉽게 암시를 받는다(Michel m.fl., 2000). 그러나 개방형 질문에 대한 대답은 보다 정확하다고 추정된다(Henry & Gudjonsson, 2003). 같은 진단을 받은 아동이라도 개인차가 있다. 선행 연구에 의하면 발달장애아동의 진술은 동일 신체 연령이 아닌 동일한 정신 연령을 가진 아동의 수준이다(10세라도 5세 정도의 지적능력이라면 5세 정도로 진술할 수 있다)(Zigler, 1969; Fowler, 1998; Henry & Gudjonsson, 1999; Michel m.fl., 2000).

장애 정도는 아동의 기능에 결정적으로 작용한다. 경미한 정도의 발달장애가 있는 아동이 개방형 질문에 대해서 제공할 수 있는 정보량은 같은 연령대의 비장애아동과 비교해서 적을 수도 있다. 그럼에도 그들은 개방형 질문에 적절하게 대답할 수 있고 유도질문에 저항하는 힘도 있다. 그러나 「예」, 「아니요」의 대답을 요구하는 유도형 질문에는 「예」라고 대답해 버리는 경향이 있다. 중등도(中等度) 발달장애아동은 장애가 경미한 아동보다 제공 가능한 정보량이 더 적을 수 있다. 장애의 정도가 심할수록 제공하는 정보는 적고 유도질문이나 암시질문에 저항하는 것이 곤란하다. 발달장애아동은 질문에 함의된 암묵적인 메시지와 질문의 의도를 「파악하는」 것에 어려움을 느낄 수 있다. 자폐스펙트럼장애 아동은 이야기를 연결시켜 일관되게 설명하는 것이 곤란하고 상세 정보를 하나씩 하나씩 늘어놓듯 진술할 수 있다(Frith, 2003).

스웨덴에서 수행된 연구에 따르면 장애아동에게 던지는 질문은 과도하게 통제되어 있고, 이러한 질문이 진술의 암시나 유도라는 부정적 영향을 미치고 있다(Cederborg & Lamb, 2008a). 또한 여러 차례 면담함으로써, 특히 개방형 질문을 사용함으로써 아동이 사건을 보다 상세하게 설명할 수 있는 가능성도 제시되고 있다(Cederborg, La Rooy & Lamb, 2008). 면담 중에 유도질문이나 암시질문을 반복하면 「예」에서 「아니오」, 또는 「아니오」에서 「예」로 답변이 바뀔 위험이 있다(Cederborg, Danielsson, La Rooy & Lamb, 2009). 선택지가 있는 유도질문을 하면 아동은 마지막에 제시된 선택지를 택할지도 모른다. 그러므로 면담자는 개방형 질문을 할 수 있는 능력을 키워야 한다. 개방형 질문은 암시나 유도에 영향이 없는 자발적인 진술을 최대한 이끌어 내는 것을 가능하게 만들기 때문이다.

면담을 하기 전에 아동의 지금까지 경험이나 생활 환경에 관한 정보를 얻을 수 있다면 유도질문이나 암시질문의 위험성이 낮아질 수 있다(면담자가 이미 확인을 마친 사실과 대조할 수 있기 때문이다). 아동에 대한 사전 정보는 아동이 사건 기억을 탐색하고 애매한 정보도 생각해 내며 그 내용을 연관시키면서 구성하는 것을 효과적으로 도울 수 있다. 그러나 아동의 경험이나 생활 환경에 대한 정보가 분명하지 않을 경우에는 유도질문이나 특히 암시질문을 하면 아동의 기억에 영향을 미치고 통제할 수 없는 방법으로 정보의 탐색에 영향을 미치게 된다. 따라서 특정한 대답을 기대하는 듯한 암시질문은 피해야 한다. 또한 사건의 경과에 대해 확인을 요구하거나, 거래를 하거나, 주어진 선택지로부터 답변을 선택하도록 하는 유도질문은 적게 해야 한다. 유도질문을 사용해야 하는 경우에도 유도가 최소화되도록 배려하고 면담 마지막에 질문해야 한다. 더 나아가 이러한 질문들을 어떻게 물을 것인지에 대해서 사전에 계획해 두어야 하고 보다 많은 개방형 질문으로 어떻게 후속질문(follow-up)을 할 것인지 검토해야 한다.

▎질문 방식

여기에서는 각 질문 방식이 의미하는 것을 명확히 전달하고자 바람직한 발화 촉진 방법이나 표현을 제시하였다. 동시에 피해야 하는 유의 사항에 대해서도 설명하고자 한다. 다음 사례에서는 각 질문의 내용이 아닌 질문의 구조를 보기 바란다. 질문의 내용은 사안별, 아동의 나이와 성숙도, 장애 종류에 따라 다르다. 질문은 가장 영향이 적은 방식의 질문에서 시작하고 영향을 미치는 정도를 고려할 때 위험이 가장 큰 질문을 마지막으로 하는 것이 좋다. 반복하지만, 권유나 초점화 질문은 개방형 질문이다. 이러한 방식의 질문을 가능한 한 많이 사용해야 한다. 유도질문, 암시질문은 가능한 한 피해야 하며 사용하더라도 주의가 필요하다.

■ 맞장구

「응, 응」, 「아, 그래」 등 지지적인 맞장구는 대화에 있어서 자연스러운 구성 요소이다. 아동 진술에 맞장구를 침으로써 아동은 면담자가 자신의 말에 귀를 기울이고 잘 따라와 주고 있다고 이해한다. 이러한 맞장구는 내용에 영향을 미치지 않으면서도 아동이 이야기하는 것을 더욱 쉽게 할 수 있도록 촉진한다.

경도 지적장애를 진단받은 9세 여아의 면담　

> 아　동: 그때 그 사람이 나를 때렸어.
> 면담자: 응, 응.
> 아　동: 너무 아팠어.
> 면담자: 응.
> 아　동: 그 사람은 나를 몇 번 때렸어.

■ 개방형 질문

개방형 질문은 아동으로부터 자유롭고 자발적인 진술을 촉진한다. 아동이 이미 말한 내용과 개방형 질문을 조합한 질문은 「조합된 개방형 질문」이라고 한다. 다음에서는 권유, 초점화 질문 그리고 조합된 개방형 질문의 예를 제시하였다.

· 권유

아동을 면담하는 사건에 대해서 말을 할 때에는 권유를 사용하고 격려하는 것이 중요하다. 질문은 아동이 상세하고 충분히 진술할 수 있도록 구성되어야 한다. 권유에서는 「말해 주세요」, 「설명해 주세요」, 「적어 주세요」라는 표현을 사용한다. 아동이 말을 하는 도중에는 기대하고 있는 정보를 얻고 있는지 여부와 관계없이 면담자는 진술 중에 끼어들어서 아동의 말을 중단해서는 안 된다.

ADD를 진단받은 10세 여아의 면담

면담자: 집에 있을 때의 일에 대해서 말해 줘.
아 동: 가끔 좋고, 가끔 나빠요.
면담자: 네가 말하는 「가끔 좋다」라는 것은 어떠한 뜻인지 이야기해 줘.
아 동: 우리들이 과자를 받을 때, 아빠와 엄마가 술에 취해 있지 않을 때는 아빠도 엄마도 친절해요.

설령 질문이 개방형이라도 아동이 처음부터 완벽한 정보를 제공할 것이라고는 보장할 수 없다. 그것은 여러 가지 요인에 의한 것이며 개방형 질문에 대답하는 능력도 그중 하나이다. 대답의 범위가 너무 넓은 개방형 질문은 아동에게도 익숙하지 않고 대답하는 것이 어려울 수도 있다. 또한 아동은 초점화되지 않은 질문에 대답하는 능력이 부족할 수 있고 그 때문에 개방형 질문에 대답하지 못할 수도 있다. 또한 장애아동은 기억에 제약이 있기 때문에 개방적인 질문은 사건의 경과를 생각해 내는 데 도움이 되지 못할 수도 있다.

• 초점화 질문(Wh질문)

아동이 이미 말한 것을 더 구체화시키거나 명확화시키기 위해 사용된다. 무엇을 말할지를 Wh질문을 통해 지시하는 것은 사건에 관한 상세 정보를 보다 많이 끌어내기 위해서 필요불가결하다. 또, 권유에 대답하지 못하는 아동이 초점화 질문에는 대답하는 경우도 있다. 초점화 질문이라는 것은 누가, 무엇을, 어디에서, 언제, 어떻게, 왜를 포함한 질문이다. Wh질문을 사용하더라도 특정한 정보를 언급하지 않고 넓게 질문하는 것이 중요하다.

경도 지적장애를 진단받은 9세 여아의 면담

면담자: 네가 잠이 들려고 할 때 어떤 일이 있었니?

아　동: 내가 이를 닦고 있는데, 그 사람이 와서 나쁜 말을 했어요.

면담자: 그 사람이 뭐라고 말을 했니?

아　동: 넋 놓고 있네. 씻는 데 그렇게 시간이 많이 걸리냐? 정말이지. 빨리 해라. 침대로 가.

면담자: 그래서 너는 어떻게 했니?

아　동: 무서웠어요. 왜냐하면 나는 빨리 할 수 없었거든. 그래서 그 사람이 내 여기를 때렸어요.

「왜」라는 질문, 예를 들어 「너는 왜 그렇게 했니?」 등의 질문은 질책이나 비난을 받고 있다는 인상을 줄 수 있다. 추궁하는 말투를 수반하는 경우에는 더욱 그러하다. 아동이 면담자의 질문에 비난을 받는다거나 뭔가 질책을 받고 있다고 느낄 위험성이 있다면 「왜」라는 질문을 다른 방식으로 다시 구성해야 한다.

경도 지적장애를 진단받은 14세 여아의 면담

면담자: 네가 그 사람에게 간 이유는 무엇이니?

아　동: 그 사람이 나를 만나고 싶다고 했어요. 우리들은 영화를 보려고 했었거든요.

면담자: 그래서 네가 그곳에 가서 무슨 일이 있었니?

아　동: 그 사람은 거짓말을 했어요. 영화를 보지 않고 내 몸을 만지기 시작했어요.

아동이 아직 말하고 있지 않은 사안에 대해서 물어볼 때에는 그 대답의 선택지(A 또는 B 등)가 포함되지 않은 초점화 질문을 사용해야 한다. 또한 다른 사람이 어떻게 생각하였는지, 어떻게 말했었는지 등은 포함하지 않은 질문을 해야 한다. 초점화 질문이라도 질문할 내용이 아

동이 아직 말하고 있지 않은 정보를 포함하고 있다면 그것은 유도 또는
암시질문이 된다. 다음과 같은 질문을 해서는 안 된다.

자폐스펙트럼장애를 진단받은 10세 남아의 면담

> 면담자: 그때 그 사람이 뭐라고 말했니?
> 아 동: 그 사람은 아무 말도 하지 않고 인상을 찌푸리고 가지가 있
>   는 긴 막대기를 손에 쥐었어.

아동이 「누군가가 무언가를 말했다」라고 말하지 않았는데 면담자
는 「누군가가 무엇을 말했다」라는 것을 전제로 질문해서는 안 된다.
위 사례에서는 「그 사람이 뭐라고 말했다」라는 전제로 「그 사람이 뭐
라고 말했나요」라고 질문했다. 이 질문은 암시적이다. 이 아동은 암시
에 걸리지 않고 「그 사람은 아무 말도 하지 않았다」라고 대답했는데,
다음과 같이 적절하게 질문하면 아동이 대답하기가 더 쉬웠을 것이다.

> 면담자: 그 사람이 너를 때린 후 어떤 일이 있었니?
> 아 동: 엄마에게 말해서는 안 된다고 했어요.

또는

> 면담자: 그 사람이 너를 때린 후 어떻게 했니?
> 아 동: 우는 것을 멈추라고 했어요.

위 두 질문은 사건의 경과에 대한 추가적인 정보를 얻기 위한 초
점화된 개방형 질문이다(이러한 경우를 일본에서는 「그 다음 질문」이라고
분류하는 경우도 있는데 취지는 동일하다).

• 조합된 개방형 질문

아동이 발달의 제약이나 장애가 있어 무엇을 말하면 좋은지에
대해 이해하지 못했다면 대답의 범위가 지나치게 넓은 개방형 질문
에는 대답하기 어려울 수 있다. 예를 들어 「있었던 일을 전부 말해
주세요」, 「집에서는 어떠했는지 말해 주세요」, 「그 후에 어떻게 되
었나요」 등의 질문이 이에 해당한다. 이런 경우 면담자는 아동이 이
미 언급한 것을 반복하고 개방형 질문과 조합하여 질문함으로써 개
방적으로 추가적인 정보를 얻을 수 있다.

경도 지적장애를 진단받은 12세 남아의 면담

면담자: 너는 페레가 심술쟁이라고 말했는데, 왜 그렇게 생각하는지
　　　　말해 줘.
아　동: 페레는 아이가 그러한 행동을 한다고 생각하고 있어요. 바보예요.
면담자: 그러한 행동이라고 했는데, 그러한 행동은 어떤 거니?

경도 지적장애를 진단받은 10세 여아의 면담

면담자: 너는 엄마, 아빠, 남동생과 함께 산다고 말했지? 너에게 있
　　　　어서 엄마는 어떤 사람인지 말해 줘.
아　동: 엄마는 매우 친절하고 상냥해요. 숙제를 못할 때나 옷을 갈
　　　　아입지 못할 때 나를 포옹해 줘요.

아동이 대답을 시작하면 가족 내 다른 구성원에 대해서도 한 사
람씩 말할 수 있도록 촉진한다.

면담자: 지금 너는 엄마가 상냥하다고 말했잖아. 그러면 너의 아빠
　　　　는 어떠니?
아　동: 아빠는 가끔 상냥하지만 엄마가 일하고 있을 때는 그렇지 않아요.
면담자: 엄마가 일하고 있을 때는 그렇지 않다... 그때는 무슨 일이
　　　　있었니?

　　반복하지만, 간단한 질문을 한 번에 하나씩 하는 것이 중요하다.
예를 들어 「많다」 또는 「적다」 등 상대적인 질문은 피해야 한다. 아
동이 상세하게 답변할 수 있다면 이미 말한 부분부터 시작해서 보다
상세하게 말하도록 요구하는 것이 좋다. 아동이 한 사건에 대해서 전
부 말하기 전에 다른 주제나 세부적인 주제로 넘어가서는 안 된다.
　　면담자는 아동이 말한 것을 개방적으로 따라감으로써(「그 다음
에는 무슨 일이 있었니」 등) 아동이 더욱 자세하게 회상해 낼 수 있도
록 지원할 수 있다. 아동이 이미 말한 것에 대한 후속질문은 '지금
말한 것을 보다 좀 더 자세히 말해 달라'라는 면담자의 기대가 전달
되도록 한다. 이러한 기법을 사용함으로써 아동이 무엇을 이야기할
것인지 스스로 선택할 수 있다.

경도 지적장애를 진단받은 9세 여아의 면담

면담자: 너는 아빠가 나쁘다고 말했는데, 그것은 어떤 뜻이니?
아　동: 응. 아빠가 나에게 그러한 행동을 하는 것이 기분이 좋지
　　　　않아요.
면담자: 아빠가 그러한 행동을 한다고 말했는데, 그러한 행동은 어
　　　　떤 것인지 말해 줘.

　　어떤 아동이 면담에 협조적이며 통제되지 않고 자유롭게 진술
할 수 있는지를 사전에 판단하거나 예측하기는 어렵다. 신고 내용이
애매하고 목격자도 없는 경우, 아동이 협조적이지 않거나 진술을 제

대로 할 수 없다면 문제가 된다. 그러나 이러한 일은 학대 사건에 있어서 드문 일이 아니다. 아동이 개방형 질문에 대답하지 못하는 경우, 이에 대한 여러 가지 이유를 생각해 볼 수 있다. 동기 부여가 없거나 불안을 느끼고 있거나 장애 때문에 기억하지 못하는 경우가 있을 수 있다. 또한 우리의 기대에 부합하는 방식으로는(다시 말해서, 자발적으로) 이야기할 수 없는 경우도 있다. 트라우마가 있는 아동은 어른을 신뢰하지 못하고, 그 때문에 면담에 협조하지 않을 수도 있다. 아동이 개방형 질문에 대답하지 못하더라도 경험한 것에 대해서 말하는 능력이 없다고 단정할 수는 없다.

■ 명확화

아동이 말하는 의미를 잘 이해할 수 없을 때는 아동에게 명확하게 말해 줄 것을 요구할 수 있다. 명확화를 요구할 때는 아동이 「서투른」 이야기꾼으로 비난받는다고 느끼지 않도록 주의해야 한다. 명확화는 모순이 있거나 진실이 아닌 것 같은 진술이나 누군가의 지시 또는 그 기대에 따라 말했을 가능성이 있는 진술에 대해 아동에게도 명확하게 설명할 기회를 주게 된다. 면담자는 아래와 같이 말하는 방법을 사용해도 좋다. 예를 들어 「내가 나이를 먹어서 또는 기억력이 나빠져서 네가 말한 것을 잘 기억하지 못했어. 한 번 더 설명해 줘」 등이다.

경도 지적장애를 진단받은 12세 여아의 면담

> 면담자: 한 번 더 말해 줘. 그러면 내가 그 사람이 어떤 짓을 했는지 더 잘 알 수 있을 것 같아.
>
> 아 동: 응... 그 사람은 나에게 침대까지 따라오라고 말했어요. 그래서 그렇게 했어요. 그 사람이 내 여기 밑(손가락을 가리킴)을 만졌고 아팠어요. 그 후에 그 사람은 그만두었고 나는 급히 그곳을 나왔어요.

또한, 「나는 그곳에 없었기 때문에 내가 좀 더 확실하게 이해할 수 있도록 한 번 더 이야기해 줘」라고 말하는 것도 가능하다. 아동의 대답이 틀린 것이 아니라 면담자가 「무슨 일이 있었는지 정말 잘 이해하고 싶기 때문에 묻는 거야」라는 것을 전달하는 것이다. 다음과 같이 질문할 수 있다.

ADD를 진단받은 12세 여아의 면담

> 면담자: 그 사람은 심술궂고 너를 때렸다고 말해 주었어. 내가 너의 이야기를 바르게 이해했는지 확인하고 싶어. 그 사람이 어떤 방법으로 너를 때렸는지 말해 줘.
>
> 아 동: 그 사람은 머리빗을 가지고 나의 엉덩이와 발을 때렸어요.

■ 요약

암시나 유도에 의한 부정적인 영향을 주지 않고 아동의 진술을 요약하고 싶다면 아동이 사용한 말을 사용하여 너무 길지 않게 요약하도록 해야 한다. 이러한 요약은 아동과 면담자 모두에게 명확한 진술을 확인하는 중요한 기회가 될 수 있다. 요약하는 것이 의심되는 다른 사건에 대해 가교 역할을 하기도 한다. 요약은 아동이 말한 것에 기초하여 면담자가 이해한 것을 반복하는 형태로 이루어질 수도 있고 아동이 방금 말한 것을 그대로 반복하는 형태로도 이루어질 수 있다. 후자는 면담자가 아동의 말을 경청하고 있다는 사실을 아동에게 전달하는 데 도움이 된다. 다만 면담자는 아동이 사용한 말을 사용해서 아동이 이해할 수 있는 수준의 간단한 문장을 사용하는 것이 중요하다. 또한 면담자가 요약한 내용에서 명료하지 않거나 정확하지 않은 것이 있다면 이를 고쳐달라고 아동에게 말하는 것도 중요하다.

ADHD를 진단받은 13세 남아의 면담

면담자: 너는 아빠가 너를 지금까지 몇 번이나 때렸는지 말해 주었어. 그리고 지난주 목요일에 있었던 일을 말해 주었고. 이번에는 아빠가 너를 때렸던 다른 때에 있었던 일에 대해 말해 줘.

아　동: 엄마가 직장에 일하러 갔을 때 한 번 있었어요. 내가 밥을 흘렸기 때문에 아버지가 크게 소리를 지르고 내 발 여기를 때렸어요.

면담자: 그러면 네가 그 밥을 흘리고 난 다음의 일에 대해서 전부 말해 줘.

■ 언어화

아동이 사건에 대해서 언어 이외의 방법으로 표현할 때는 면담자는 그 표현을 말로 나타내는 것도 가능하다. 즉 아동의 비언어적 표현을 언어적으로 번역할 수 있다. 아동의 표현을 언어화하는 것은 과잉 해석이 될 위험성이 있어 문제가 없는 것은 아니지만 아동이 표현한 것을 명확히 할 수도 있다.[10]

---

10) 아동이 동작으로 표현한 것을 면담자가 말로 표현하는 것은 대변 또는 전문(전해 들은)으로 간주되어 권장하지 않는 견해도 있다.

ADD를 진단받은 10세 여아의 면담

면담자: 너는 너의 왼쪽 발을 가리키고 있구나.
아 동: 응, 그리고 여기.
면담자: 이번에는 오른쪽 머리 부분을 가리키고 있네.

■ 폐쇄형 질문의 종류

다음과 같은 질문은 유도질문, 암시질문으로 간주된다. 이러한 질문은 아동의 진술에 영향을 미치는 경우가 있기 때문에 주의가 필요하다.

• 유도질문

아동이 말하지 않은 것을 면담자가 먼저 선수를 쳐서 언어화시키는 것은 유도다. 같은 방식으로 아동이 아직 말하지 않은 상세한 정보나 특정 내용에 아동의 주의를 향하게 하는 것도 유도다. 유도질문이란 예상되는 대답을 암묵적으로 제시하거나(「그 사람이 때렸니?」 등) 문제가 되는 상황을 전제로 한 질문(앞서 제시한 예와 같이 아동이 '누군가가 말했다'라고 진술하지 않았음에도 「그 사람이 뭐라고 말했니?」라고 묻는 등)을 말한다. 아동이 말하지 않는 것에 대해서 면담자가 언급하는 것은 아동의 진술을 통제하고 잘못된 방향으로 이끌 가능성이 있다. 아동의 진술을 질문으로 통제하면 안 된다. 아래의 내용은 피해야 할 질문이다.

자폐스펙트럼장애를 진단받은 7세 여아의 면담

면담자: 그 사람이 너를 때렸니?
아 동: 응.
면담자: 아팠니?
아 동: 응.

유도질문을 사용한다면 상세한 내용을 특정할 수 있는 짧은 대답을 얻을 수 있다. 그러나 이를 통해 얻은 상세한 내용은 아동의 입장이나 아동이 경험한 것과는 다를 위험성이 있다. 또한 위의 유도질문「아팠니?」는 추상적인 질문이므로 대답하기 어렵다. 통증은 추상적이고 정동적인 개념이므로 아동이 그 개념을 제대로 이해할 수 있는지도 불명확하다. 오히려 어떻게 생각했는지를 말하게 하는 것이 바람직하다.

지적장애아동은 유도질문을 받으면 기억한 내용보다도 질문에 따라 통제된 대답(선택지를 고르는 등)을 하는 경향이 있다(Cederborg & Lamb, 2008a; Bull, 1995; Davies, m.fl., 2000; Clare & Gudjonsson, 1993; Gordon m.fl., 1995). 또한 아동, 특히 지적장애아동은 어른에게 맞추려고 하는 경향이 있다. 그래서 유도질문에 대한 답변은 면담자가 듣고 싶어하는(면담자가 듣고 싶어한다고 아동이 생각하는) 대답이 될 수 있다. 이것은 선택지가 있는 유도질문도 이와 동일하다.

중등도 지적장애를 진단받은 12세 남아의 면담

면담자: 그 일이 있었던 때가 지난주 목요일이었니 아니면 지난주 토요일이었니?

아　동: 토요일.

면담자: 아. 그래. 그런데, 너는 학교에서 돌아왔다고 말했잖아. 그러면 지난주 토요일에 있었던 것은 아니네.

아　동: 응. 달라. 틀려.

이것은 선택형 유도질문인데, 만약 아동이 시간 개념을 충분히 이해하고 있지 않으면 문제는 더 커진다. 아동은 며칠이었는지를 알지 못함에도 불구하고 선택지를 고르게 될 수 있다.

　　지적장애아동은 유도질문을 반복하면 이전과는 다른 내용을 대답하는 경향이 있다(Cederborg, Danielesson, La Rooy & Lamb, 2009; Henry & Gudjonsson, 2003).

경도 지적장애를 진단받은 10세 남아의 면담

　면담자: 그때 집에 있었니?
　아　동: 응.

5분 후

　면담자: 그때 집에 없었니?
　아　동: 응.

　　유도질문의 영향은 심각하다. 아동은 틀린 선택지를 고르거나 사실을 기억하고 있지 않는데도 「예」 또는 「아니오」라고 대답할 수 있다. 면담자는 가능하다면 이러한 종류의 질문을 피해야 한다. 질문을 반복한 후, 아동의 진술이 바뀌면 이를 모순된다고 간주하고 아동 진술의 신빙성은 부정될 수 있다(Cederborg & Lamb, 2006; Cederborg & Gumpert, 2009a).
　　장애아동은 무엇을 이야기하면 좋을지 모를 수 있다. 이것이 유도질문을 하는 이유라면 이러한 질문은 개방형 질문을 모두 해 본 다음에 이행함으로써 유도질문 영향에 의한 위험성을 최소화해야 한다. 또한 유도질문을 했더라도 아동이 상세한 내용에 대해 대답하고 있고 아동의 대답으로부터 추가적인 정보를 얻을 수 있을 것 같다면 면담자는 가능한 한 빨리 개방형 질문 방식으로 돌아가야 한다.

경도 지적장애를 진단받은 10세 남아의 면담

면담자: 그 사람이 너를 때렸니?
아 동: 응.
면담자: 그 사람이 어떻게 때렸는지 말해 줘.

• 암시질문

앞에서 설명한 것과 같이 나이가 어린 아동과 지적장애아동은 암시질문을 받으면 틀리게 진술하는 경향이 있다(Henry & Gudjonsson, 1999; 2003; 2007). 암시질문은 진술의 정확성을 저하시키는 가장 부적절한 질문이므로 어떻게든 피해야 한다. 예를 들어, 아동이 아직 말하지 않았지만 말할 것이 기대되는 특정한 대답(예를 들어, 학대와 관련된 상세한 대답)을 시사하거나 면담자의 의견이나 추론한 것을 묻는 것은 암시가 될 수 있다. 이러한 질문은 「아동이 아직 말하지 않았지만 상세 정보가 있을 것이다」라는 면담자의 편견에 따라 생긴다. 또한 아동이 말하기 전에 면담자가 아동에게 면담을 하게 된 이유를 '상세하게' 말해 버리는 것도 암시가 된다. 이러한 발언은 피해야 한다.

피해에 대한 상세 정보는 가능한 한 아동이 스스로 말하도록 해야 한다. 유도질문을 반복하는 것은 암시가 된다. 같은 질문이 반복되면 아동은 면담자가 듣고 싶은 것을 예상하여 앞에 말한 대답을 바꾸거나 이야기를 지어낼 수 있는데 이는 면담자의 기대에 맞추려고 하기 때문이다. 그리고 앞에서 말한 것과 다른 내용의 진술을 할 수 있다.

ADHD를 진단받은 9세 남아의 면담

면담자: 지난주 토요일에 아빠가 너를 때렸기 때문에 여기에 온 것이지?
아 동: 응, 그래.

위와 같이 하지 않도록 주의하고 다음과 같이 진행해야 한다.

면담자: 네가 오늘 여기 왜 왔는지 나에게 말해 줘.
아 동: 아빠가 나를 때렸어요.

아동이 대답하지 않거나 너무 개방적이어서 대답을 못하는 경우에는 다음
과 같이 질문한다.

면담자: 토요일에 너의 집에서 무슨 일이 있었는지 말해 줘.
아 동: 아빠가 나를 때렸어요.

다음과 같이 질문하는 것도 가능하다.

면담자: 너에게 있어 아버지는 어떤 사람인지 말해 줘.
아 동: 아빠는 때로는 상냥하지만 나를 때려요.

- 고려해야 할 점

☑ 가능한 한 개방형 질문(권유와 초점화 질문)을 사용한다
☑ 유도질문은 제한적으로 사용하고 암시질문을 사용하지 않는다
☑ 유도질문을 사용할 때도 그 전에 개방형 질문을 시범적으
   로 해 본다
☑ 유도질문을 할 때는 리스크가 최소화될 수 있도록 질문을 준
   비한다
☑ 아동이 유도질문에 대답했다면, 다음부터는 개방형 질문으로
   말을 할 수 있도록 촉진한다
☑ 다른 사람의 동기에 대한 대답을 요구하지 않는다

☑ 면담자는 사건의 경과에 대해서 선입관을 갖지 않도록 해야 한다. 예를 들어, 범죄(라고 의심되는 사안)에 대해서 '어떠한 대화가 있었을 것이다' 등

☑ 유도질문을 반복하지 않는다

☑ 명확화를 요구한다

☑ 아이를 책망하거나 아동과 대립하지 않는다

☑ 면담자가 듣고 싶다고 생각하는 특정한 대답을 암시하지 않는다

☑ 아동은 시간과 장소에 대해 직접적으로 묻는 질문에 대답 못할 수 있다는 것을 염두에 두어야 한다

4. 면담의 단계

전 세계의 연구자들은 장애 유무와 상관없이 아동면담은 각각의 목적을 가진 여러 단계로 구조화된 면담 절차에 따라서 이행하는 것이 중요하다고 강조하고 있다(Poole & Lamb 1998; Lamb, Hershkowitz, Orbach & Esplin, 2008). 면담의 주제에 들어가기 전에 이행하는 절차는 아동과의 관계를 더 좋게 하고 아동도 피해를 진술하기에 앞서 면담 상황에 익숙해질 수 있도록 구성되어 있다. 이러한 절차를 밟는 이유는 아동면담이 사회적, 발달심리학적, 인지적인 요소와 매우 많이 관련되어 있기 때문이다. 아동이 면담에 협조하도록 만들기 위해서는 우선 면담자가 면담 방법과 면담의 각 단계를 아동의 능력에 맞출 필요가 있다. 우선 아동과 공동 작업을 할 수 있는 편안한 상황을 만들고 아동이 보다 많은 양의 정보를 생각해 낼 수 있도록 아동에게 동기를 부여하는 것이 중요하다. 또한 면담자는 아동과의 신뢰관계에 기초하여 공동 작업을 할 수 있도록 모든 면담 단계에서 노력해야 한다. 각 단계를 밟고 면담을 하는 것은 최대한의 정보를 얻을 수 있게 해 준다. 아동 하나하나는 모두 달라서 면담 또한 다르게 진행되어야

한다. 그렇기 때문에 정해진 단계로부터 일탈이 필요한 경우가 있을 수 있다. 그럼에도 면담자는 각 단계를 왔다 갔다 하지 않고 특정 단계에 머물러 정보를 수집해야 한다. 다시 말해 유도질문보다도 아동 본인의 말로 이루어진 진술을 요구하는 것을 우선하는 단계를 중시해야 한다. 면담 각 단계는 다음과 같다.

단계의 분류 방법

다음은 각 단계의 목적과 내용을 나타낸 것이다. 이들 단계는 미국의 매사추세츠주 미국 국립 아동건강 및 인간발달 연구소(NICHD: National Institute for Child Health and Human Development)에서 개발되었고 연구를 토대로 제작된 면담가이드라인(Lamb, Hershkowitz, Orbach & Esplin, 2008)의 시사점을 반영하고 있다.

■ 도입

도입은 유도나 암시의 영향을 주지 않고 면담의 목적을 전달하기 위함이다. 면담의 목적은 매우 다양하고 사건의 성질, 아동의 생활 경험, 능력도 다양하다. 그렇기 때문에 도입의 방법은 한 가지로 고정하기는 어렵다. 따라서 면담자는 사안별로 아동에게 면담의 목적을 어떻게 전달할 것인지 도입 방법을 생각해 놓아야 한다. 어쨌든 면담 초기 단계에서 왜 면담자와 면담하게 되었는가를 간단하고 구체적이고 일반적으로 설명하는 것이 중요하다. 이때 면담 이유에 대해서는 직접 언급하지 않는 것이 중요하다. 유도가 될 수 있기 때문이다. 면담자가 자신의 이름을 소개하고 평이한 언어로 활동 내용을 설명하는 것이 좋다. 그리고 평소 아동과 대화를 하는 일을 하고 있다는 것도 전달한다.

이러한 설명을 듣고 아동은 면담자의 일이 '피해가 있으면 조사하는 것' 그리고 '아동을 도와주는 것'이라고 이해한다. 면담자는 면담이 아동의 실수를 캐묻는 것이 아니고, 아동이 알고 있는 것을 뭐든지 듣는 것이라는 점을 충분히 설명해야 한다. 아동의 경험은 어떠한 언어라도 좋으니 아동이 말하고 싶은 방법으로 말해도 된다고 알려 주어야 한다.

비디오카메라를 사용할 때에는 기계에 대해서 설명하고 동석자도 소개한다. 가까운 방에서 면담을 모니터하고 있는 사람이 있다면 마찬가지로 소개한다. 앞에서 언급한 것처럼 아동의 이해력에 맞춘 단어와 간결한 문장을 사용해서 설명하는 것이 중요하다. 면담 시간과 휴식에 대해서 말하는 것도 좋다. 면담 과정에서 도입 단계에서 설명한 내용을 아동이 잊어버렸다고 생각되면 도입 단계를 부분적으로 반복할 필요가 있다.

학교에서 왕따 피해 의심이 있는 경도 지적장애를 진단받은 10세 남아의 면담

> 면담자: 내 이름은 칼린이야. 내가 하는 일은 아이들과 만나서 아이들이 학교에서 어떻게 생활하고 있는지, 아이들이 도움을 받고 싶어 하는 것이 있는지에 대해 이야기를 듣는 거야. 내가 너를 도와줄 수 있도록 너에게 무슨 일이 일어나고 있는지를 알고 싶어.

또는

자폐스펙트럼장애를 진단받고 아버지로부터 학대 의심이 있는 9세 여아의 면담

> 면담자: 나의 이름은 카렌이야. 나는 경찰관이야. 내가 하는 일은 아이들이 자신의 아빠나 엄마를 어떻게 생각하고 있는지를 묻고 이야기를 듣는 거야. 여기에 보이는 것처럼 이것은 비디오카메라와 마이크야. 이걸로 우리의 대화를 녹음할거야. 그렇게 하면 네가 나에게 말하는 것을 적을 필요가 없기 때문이야. 나에게 물어보고 싶은 것이 있니?
>
> 아　동: 왜 경찰관 옷 안 입고 있어요?

■ 규칙 설명(그라운드 룰: 면담에서의 약속 사항)

아동은 면담자를 권위가 있는 사람이라고 생각할 수 있다. 그러면 아동은 면담자가 제안한 내용을 부정하기 어렵다. 그리고 묻는 말에 틀리면 안 된다고 생각할지도 모른다. 또한 아동은 「기억하지 못 한다」라고 말하거나 질문을 이해할 수 없더라도 「모른다」라고 말하는 것을 어렵다고 느낄 수 있다. 이러한 오류를 방지하고 아동에게 면담 대화의 특성(정확하게 말하기)을 이해할 수 있도록 면담자는 '모르는 것이 있다면 질문해도 좋다'라고 알려 주어야 한다. 또한 면담자는 (아동을 책망하지 않고) '무슨 일이 있었는지를 알고 싶은 것뿐이다'라고 전달하는 것도 중요하다. 더 나아가 정말로 대답을 모른다면 「몰라요」라고 말하고 면담자가 아동의 말을 잘못 이해하거나 잘못된 요약을 할 때는 「틀려요」라고 말해 주었으면 좋겠다고 아동에게 전달해야 한다.

장애아동과의 면담에서 반드시 필요한 것은 「몰라요」, 「기억나지 않아요」, 「이해가 안 돼요」가 무엇을 의미하는 것인지 예시를 제시하는 것이다. 이해력의 수준에 따라 이러한 언어는 여러 가지 다른 의미로 사용될 수 있기 때문이다.

ADHD를 진단받은 9세 남아의 면담

면담자: 나하고 이야기할 때는 정말 있었던 일만 이야기하는 것이 중요해. 그렇기 때문에 답을 모를 때는 바로 대답하지 않았으면 좋겠어. 답을 모를 때는 「모른다」라고 이야기해 줘. 기억하지 못한다면 「기억하지 못해요」라고 말해 주고, 내 질문이 이해가 안 되면 「모르겠어요」라고 말해 줘. 그렇게 하면 내가 좀 더 이해하기 쉽게 설명해 줄게. 다른 질문이 있니?

아　동: 이거 얼마나 더 계속해요?

아동이 예시를 이해한 것 같다면 연습을 통해서 구체적으로 설명할 수도 있다.

면담자: 만약 내가 「우리 집 개 이름은 위렛이니?」라고 묻는다면 너
　　　　는 뭐라고 말해야 해?

아　동: 그런 거 몰라요.

면담자: 바로 그렇게 말하는 거야. 왜냐하면 너는 우리 집 개를 알
　　　　수가 없기 때문이지. 네가 모르는 것을 내가 말한다면 지금
　　　　처럼 이야기해 줘.

또는

면담자: 여기서는 정말로 있었던 일만을 이야기해 줘. 정말 있었던
　　　　일이 아니라면 말하면 안 돼. 만약에 「내가 어제 너의 집에
　　　　있었다」라고 말한다면 너는 뭐라고 말해야 하니?

아　동: 그건 틀려요.

면담자: 그래, 우리들이 이야기할 때는 지금처럼 이야기해 주면 돼.
　　　　지금까지 있었던 일만을 말해 줘.

여기에서 면담자는 추가적으로 「나는 무슨 일이 있었는지 모른
다. 무슨 일이 있었는지 알기 위해서 너에게 물어볼 수 있다」라는
것을 아동에게 알려 주어도 좋다.

■ 일화적 기억을 생각해 내는 연습

일화적 기억(episodic memory)이란 경험한 사건의 기억을 시간 정
보나 장소 정보와 함께 보존해 두는 기억 시스템이라고 정의된다. 일
화적 기억은 유도질문에 영향을 받기 쉽다는 문제가 있지만 그 위험
성은 개방형 질문을 사용함으로써 낮아진다. 그 때문에 경험한 것에
대해서 상세하게 진술해 줄 것을 요구하기 전에 개방형 질문으로 말
하는 연습을 하는 것이 유용하다. 이때 긍정적인 경험에 대해 이야기
하도록 하는 것이 좋다.

 이 단계에서 면담자는 아동의 행동이나 말하는 태도를 알 수 있고, 보다 좋은 라포를 형성할 수 있다. 아동 또한 면담자를 보다 잘 알 수 있게 된다. 일화적 기억 연습에서는 면담자는 본 면담에서 사용하는 것과 같은 유형의 질문, 즉 개방형 질문을 사용하는 것이 중요하다.

 일화적 기억 연습은 장애아동에게도 의미가 있다. 이들은 면담 상황에 익숙해지고 본 면담 단계에서 말하고자 하는 마음이 들 때까지 더 긴 시간이 소요될 것으로 기대되기 때문이다. 그렇기 때문에 면담자는 이 단계에서 급히 서둘러 면담해서는 안 된다. 장애아동은 면담자의 질문에 대답할 수 있게 되기까지는 일반 아동보다 더 긴 시간이 걸릴지도 모른다. 이 단계에서는 우선 아동에게 진술 동기를 부여하는 것이 중요하다.

 그 다음은 본 면담으로 이동한다.

경도 지적장애를 진단받은 10세 남아의 면담

 면담자: 네가 오늘 여기에 왜 왔는지 말하기 전에 네가 무엇을 하는
  것을 좋아하는지 알고 싶어. 말해 줄 수 있을까?
 아 동: 축구하는 것을 좋아해요.

아동이 자기가 흥미를 가지고 있는 것에 대해 이야기를 하고 나면 면담자는 개방형 질문으로 다음의 것을 질문해야 한다.

 면담자: 네가 축구를 할 때 하는 일들에 대해 자세히 이야기해 줘.
 아 동: 나는 매우 좋아하는 친구들과 함께해요.
 면담자: 그 애들 이름이 뭐니?
 아 동: 미케와 요한.

또는

 면담자: 어디에서 축구를 하니?

아 동: 저쪽에 있는 축구장에서요.
면담자: 저기라고 이야기했는데, 저기가 어디야?
아 동: 내가 매일 다니고 있는 학교 쪽이요.

또는

면담자: 마지막으로 축구를 한 것이 언제쯤이니?
아 동: 어제.
면담자: 네가 축구를 하러 가서부터 집에 돌아올 때까지 있었던 일
        에 대해 전부 이야기해 줘.
아 동: 학교를 마치고 친구와 함께 곧장 그쪽으로 걸어갔어요. 우
        리는 공을 가지고 와서 그 후에 공을 찼고, 그 후에는 모두
        걸어서 집으로 돌아왔어요.

■ 본 면담(실질적 주제)

이것은 실질적인 단계이며 면담 목적 그 자체를 다룬다. 이 단
계에서 면담자는 먼저 아동에게 사건과 관련하여 자유롭게 이야기할
수 있도록 촉진해야 한다. 그 다음에 아동이 말한 것을 보다 상세하
게 말하도록 요청한다. 면담자는 아동이 아직 말하지 않은 세부 사
항에 대해서는 언급하지 않고 아동이 말한 상황을 아동 자신의 언어
로 보다 명확하게 설명해 달라고 요청한다. 이 단계가 잘 진행될 것
인지는 면담자가 아동과 라포를 유지하고 있는지 여부에 달려 있다.

면담자는 성급하게 사건의 핵심 부분에 대해서 질문해서는 안
된다. 그러한 질문은 예민한 내용에 대해서 상세하게 말하려고 할
때 스트레스를 받을 가능성이 있다. 학대에 대한 주변 정보라도 편
안한 마음으로 이야기하기는 어려울 것이다. 스트레스 반응(장시간의
침묵이나 이야기하기 어려워 보이는 태도 등)이 보인다거나 다른 주제에
대해서만 이야기하는 경우, 면담자는 현재의 주제에서 중립적인 주

제로 전환하거나 아니면 주제를 전환하지 말고 아동이 말하고 있는 주제로 잠시 머물렀다가 그 다음에 스트레스 반응의 원인이 되는 주제로 돌아오는 것이 좋다. 한편 아동이 자연스럽게 그 상황에 대해서 말하는 것 같으면 아동의 말을 중단하지 말고 개방형 질문을 사용하여 아동이 말하는 내용을 계속 따라가는 것이 좋다.

언어는 간결하게 하고 이중 부정문은(하지 않으면 안 된다 등) 피해야 하며 아동이 이해할 수 없는 언어는 사용하면 안 된다. 장애아동은 시간, 일자, 사건의 지속 시간, 평소 모르는 사람의 신장, 체중, 연령 추정 등에 대한 진술이 어렵다는 점에 주의해야 한다. 시간에 관한 질문이 필요한 경우에는 아동이 잘 알고 있는 일시, 예를 들어서 생일이나 크리스마스와 관련지어서 물어보는 것이 좋다. 키나 체중에 대해서 설명을 요구할 때는 아동 자신이나 아동이 잘 알고 있는 사람과 연관 지어서 질문하는 것이 좋다. 하루 중의 시간대는 TV 프로그램, 날이 밝았는지 또는 어두웠는지, 가정, 학교, 여가 시간 중에 있었던 일과 등과 관련지어서 물어볼 수 있을 것이다.

좋다, 나쁘다 등의 가치 부여를 요구하는 단어, 윤리와 관한 표현은 피해야 한다. 아동을 칭찬한다거나 책망해서는 안 된다. 그렇게 하면 아동은 중립성을 잃게 된다. 개방형 질문은 면담 전 과정을 통해서 이루어지는데 처음에는 상세한 정보를 얻지 못할지도 모른다. 그렇기 때문에 개방형 권유, 즉 유도가 될 수 있는 상세 정보를 포함하지 않은 '권유'가 중요하다. 그리고 그 후에는 다음 단계로 이동하는 것을 알리는 것도 매우 중요하다.

아동 학대 피해가 의심되는 ADD를 진단받은 10세 여아의 면담

면담자: 이것으로 너에 대해 조금 알게 되었어. 그럼 오늘 네가 왜 여기에 있는지 나에게 이야기해 줘.

아　동: 왜 왔는지는… 엄마가 나에게 한 나쁜 짓에 대해 이야기하기 위해서야.

면담자: 엄마가 나쁜 짓을 했니? 그럼 엄마가 어떤 것을 했는지 말해 줄래?

　

이러한 도입 부분에서 답변을 이끌어 낼 수 없는 경우에는 다음과 같이 말해도 좋다.

　

면담자: 너에게 걱정거리가 있다면 내가 그 이유를 아는 것은 매우 중요하단다. 그런 일이 있으면 나에게 말해 줘.

아　동: 그 일을 말하는 것은 기분 좋지 않아요.

면담자: 왜 그렇지?

아　동: 엄마가 나를 때린 것이 좋지 않기 때문이에요.

아동이 말하지 않는다면 다음과 같이 질문해도 좋다.

면담자: 무엇인가 걱정거리가 있다고 들었어. 걱정거리가 있다면 나에게 말해 줘.

아　동: 그러면… 그런데, 선생님께 말했어요.

면담자: 선생님께 말한 것을 나에게 말해 줄래?

아　동: 선생님께 내가 학교에서 집에 돌아가면 엄마가 나에 대해서 나쁜 짓을 한다고 말했어요.

또는

면담자: 너에게 무슨 일이 있었다고 들었어. 그것에 대해 처음부터

> 끝까지 말해 줘.
>
> 아　동: 다른 날에 내가 옷을 입지 않았더니 엄마가 나에게 매우 화
>   를 냈어요. 그때 엄마는 아주 큰 소리로 소리 지르고 나쁜
>   말을 하고 나를 때렸어요.
>
> 면담자: 엄마가 너를 때렸다고 하는데 어디를 때린 거니?
>
> 아　동: 얼굴 여기랑, 뒤쪽 여기요.
>
> '무엇인가가 있었다고 들었어' 이러한 질문도 유도질문이 될 수 있다. 다른
> 접근 방법이 없는 경우에 하는 질문임을 주의해야 한다.

　　면담자는 아동이 말한 내용을 보다 명확하게 하기 위해서 아동이
이전에 말한 내용으로 되돌아가는 경우도 있다.

경도 지적장애를 진단받은 12세 남아의 면담

> 이 아동은 학대를 당하고 있을 가능성이 있다.
>
> 면담자: 처음에 말했지. 내가 하는 일은 아이들에게 안전하지 않은
>   일이 있으면 그 일에 대해서 이야기를 듣는 거야. 그렇기 때
>   문에 너에게 무슨 일이 있었다면 내가 그것에 대해 듣는 것
>   이 매우 중요하단다. 오늘 엄마와 함께 여기에 왜 왔다고
>   생각하는지 말해 줘.
>
> 아　동: 그런 거 몰라요.
>
> 아동이 말하지 않으면 왜 면담하러 왔는지를 알려주는 것이 필요할 수 있다.
>
> 면담자: 누군가가 너에게 무언가 나쁜 짓을 했다고 들었어. 그것에
>   대해서 기억하고 있는 것 전부를 말해 줘.
>
> 아　동: 그런 거 말하고 싶지 않아요. 그 사람은 매우 나쁜 사람이에요.
>
> 면담자: 누가 나쁘게 했니?

아　동: 학교에 있는 그 사람.

또는

면담자: '왜 이런 일이 있는 거지?'라고 생각되는 행동을 누가 너에게
　　　　했니?
아　동: 학교에 있는 그 사람이 나를 때렸어요. 나를 때려도 괜찮은 거야?
면담자: 아니야. 때린 것은 나쁜 거야. 그 사람이 너를 때렸던 일에
　　　　대해서 말해 줘.
아　동: 쉬는 시간. 혼자 있었는데, 나쁜 남자가 와서 나를 발로 찼어.

개방형 질문으로 정보를 더 얻지 못할 경우에는 유도질문을 사용하는 경우
도 있을 수 있다(「때린 것은 나쁜 일이야」 등 면담자가 의견을 말하는 것은
삼가는 편이 좋다는 견해도 있다. 이 사례에서는 면담자가 「때리는 것은
(일반적으로) 나쁜 일이야」라고 적절하게 응답했다).

면담자: 누군가가 너를 때렸니?
아　동: 응.
면담자: 누가?
아　동: 내가 알고 있는 사람.
면담자: 그런 일이 어디에서 있었지?
아　동: 쉬는 시간, 내가 놀고 있을 때. 그때 그 사람이 나에게 와서
　　　　나쁜 짓을 했어.
면담자: 그렇다면, 그 사람이 네 쪽으로 왔을 때부터 네가 그곳을 나
　　　　오기까지 있었던 일에 대해서 전부 말해 줘.

　　아동이 말하기 시작했다면 그것에 대해서 더 이야기할 수 있도
록 아동을 격려하는 것이 중요하다. 다시 말해, 면담자는 아동이 말
하고 있는 주제에 대해 전부 끝까지 말할 수 있도록 노력해야 한다.
그 후에 보다 초점화된 세부 사항을 질문하는 것이 중요하다.

면담자: 그 후 무슨 일이 있었니?

또는

면담자: 그 다음에 그 사람은 어떻게 했니?

앞에 말한 것처럼 「그 후 무슨 일이 있었나요」, 「그 다음에 어떻게 되었나요」는 질문 유형이 「그 다음 질문」으로서 개방형 질문에 해당할 수 있다.

　　아동이 여러 건의 학대에 대해서 이야기를 꺼낸다면 한 번에 하나씩 사건을 특정하여 조사하는 것이 중요하다. 우선 마지막에 있었던 학대를 이야기하고 그 다음에 처음에 있었던 학대를 말하도록 해야 한다. 그것이 끝나면 아동이 기억하고 있는 다른 학대에 대해서 이야기를 듣는 것이 좋다. 다른 사건으로 주제를 바꿀 때는 지금부터 하는 질문은 다른 시기에 발생한 사건에 관한 것이고 다른 종류의 정보가 요구된다는 것을 아동에게 명확하게 이야기해 주어야 한다. 다른 사건으로 주제를 옮길 때에는 간단하게 요약을 하는 것도 필요하다(영국이나 스웨덴에서는 요약이 행해진다. 요약은 이점도 있지만 요약을 할 때는 아동의 진술을 바꾸어 말한다거나 아동이 말하고 있지 않은 것을 첨가하지 않도록 주의해야 한다).

경도 지적장애를 진단받은 8세 여아의 면담　　

이 아동은 엄마와 재혼한 남성으로부터 학대를 받고 있다는 것이 의심된다.

면담자: 너는 지난주 토요일에 있었던 일에 대해 매우 잘 말해 주었어. 이번에는 네가 앞에 말한 것에 대해서 더 듣고 싶구나. 분명히 너는 그 사람이 몇 번이나 너를 때렸다고 말했어. 네가 맞은 다른 날의 일에 대해서 말해 줘.

아　동: 언젠가 그 사람이 맥주를 마시고 있었을 때, 그때 엄마는 집
　　　　에 없었고, 그 사람이 그때 나를 때렸어요.
면담자: 그러면 그때 그 사람이 너를 어떻게 때렸는지 말해 줘.

아동이 다른 시기에 대해서 말하지 않는다면 어떻게 하면 좋은지 아래의
예시가 힌트가 될 수 있다.

면담자: 지금은 지난주 토요일에 있었던 일에 대해서 말해 주었어. 다
　　　　른 날 똑같은 일이 있었다면 그때 일에 대해서 말해 주세요.
아　동: 그 사람은... 한 번 더 같은 짓을 했어요.

　　질문 방법은 아동의 기능 수준과 사건의 성질에 의존하는데 이
단계에서 중요한 것은 아동이 질문을 이해할 수 있도록 질문을 아동
의 능력 수준에 맞추는 것이다. 아동이 가능한 한 자유롭게 이야기
를 할 수 있도록 면담자는 아동의 말에 끼어들어 중단시키면 안 된
다. 더욱이 아동이 이야기하기 쉽도록 「응」, 「아, 그래」 등 맞장구를
치는 것이 면담자가 아동의 이야기를 적극적으로 듣고 있다는 것을
알리는 매우 중요한 신호가 될 것이다. 동시에 아동이 말한 부분을
짧게 따라 말하는 것은 거기서부터 이야기를 계속할 수 있도록 도움
을 준다. 또한 차분하게 기다려 주는 것도 아동이 당시 상황을 생각
해 내고, 있었던 일에 대해서 어떻게 이야기하면 좋을지를 생각해
내는 데 도움이 될 것이다.

　　면담자는 온화한 말투와 편안한 몸짓, 시간적 여유, 지지적 코
멘트를 제공해야 한다. 이러한 작업은 아동의 불안하고 애매한 감정
을 경감시켜 줌으로써 아동이 기억을 회상하고 말하게 하는 것을 촉
진할 수 있다. 이러한 따뜻한 지지적인 멘트는 아동이 말하기 어려
운 사건을 말하는 데 있어 매우 중요한 부분이다.

자폐스펙트럼장애를 진단받은 10세 여아의 면담

이 아동은 모친으로부터 학대를 받은 것으로 의심된다. 아동은 엄마가 괴롭혔다고 말한 후, 그때부터는 말을 하지 않는 상황이다.

> 면담자: 나는 많은 아이들과 이야기를 해. 그런데, 엄마에 대해서 말하는 것은 어렵다는 아이들도 정말 많아.

(침묵)

> 아 동: 엄마는 빨간 원피스를 입고 있었어. 어깨 쪽이 파인 옷을 입고 있었어.
> 면담자: 그래서 엄마는 무엇을 했어?

또는

> 면담자: 잘 모르는 사람과 이야기하는 것이 어렵다는 것을 알아.
> 아 동: 엄마는 매우 이상하게 표정을 바꿔.
> 면담자: 그것은 무슨 의미야?
> 아 동: 손이 뾰족하게 생겼어. 엄마가 때리면 나, 여기가 아파.

다만, 면담자는 이러한 지지적 코멘트를 할 때 아동이 말하고 있지 않은 상세한 내용이 포함되지 않도록, 유도 및 암시적인 영향이 최소화되도록 주의해야 한다.

　　면담자가 개방형 질문을 사용하여 아동에게 자유롭게 이야기를 할 수 있도록 요청해도 그것이 잘 되지 않는 경우가 있다. 추가적인 질문이 필요하다면 이때가 보충적인 질문을 할 타이밍이다. 보충 질문[11]도 가능한 한 개방형 질문으로 해야 한다. 초점화된 질문을 사용한 후, 아동이 상세하게 말하기 시작한다면 면담자는 바로 개방형

---

11) 확인 질문이라고도 한다. 어떤 피해를 입었는지, 지금까지 다른 사람에게 이야기를 한 적이 있는지, 그 밖에 목격자나 다른 피해자가 있는지 등을 확인한다.

질문으로 되돌아와야 한다. 반복적으로 말하지만 면담자는 한 번에 적절한 질문을 한 개만 해야 하고 아동이 질문에 대답하는 데 충분한 시간을 주어야 한다. 또한 아동이 지금 말하고 있는 것과 관련 없는 질문으로 아동의 말을 차단하지 않도록 해야 한다. 질문을 할 타이밍을 맞추는 것이 중요하다.

■ 마무리

면담을 종료할 때는 면담 결과와 관계없이 아동이 면담 장소에 와서 면담에 참여해 주었다는 그 자체에 감사 표시를 해야 한다. 이 단계에서는 질문할 때 깜빡해서 못했던 것에 대해서 묻거나 아동에게 더 말하고 싶은 것이 있는지 확인한다. 실질적 단계에서는 이야기되지 않았지만 아동이 정보를 가지고 있을지 모르거나 또는 아동 측에서 질문이 있는 경우에는 이에 대응해 줘야 한다. 면담에서 아동이 이야기를 많이 하지 않아 면담이 잘 진행되지 않았더라도 아동의 응답에 실망했다 등의 메시지를 전달하지 않도록 해야 한다. 아동을 존중하는 것이 중요하다.

경도 지적장애를 진단받은 13세 여아의 면담

이 아동은 특수학교 운전사로부터 성학대를 받았다고 이야기했다.

> 면담자: 지금까지 너는 나에게 많은 것을 말해 주었어. 이제 면담을 마칠 때가 되었네. 면담을 마치기 전에 내가 아직 질문하지 않은 것이 있니?
> 아 동: 이거 말고 다른 때에 있었던 일에 대해서는 묻지 않으셨어요.
> 면담자: 알려 줘서 고마워. 그것에 대해서 말해 줘.

또는

> 면담자: 오늘 많은 것을 이야기해 줬어. 또 다른 것을 말하고 싶은
> 것이 있니?
> 아   동: 그 사람이 나한테 나쁜 짓 했다고 내가 이야기한 걸 그 사
> 람에게 말할 거예요?
> 면담자: 그 사람이 다시는 너에게 그런 짓을 하지 않았으면 좋겠어.
> 그래서 그 사람이 그러한 짓을 그만두라고 말해야 해.
>
> (그 자리에서 결정할 수 없는 대응과 관련해서 면담자의 판단을 전달하지
> 않을 수 있다. 일본의 아동복지 시스템에서는 개인이 대응하는 일이 없기
> 때문에 '우리들'이 될 수도 있다.)

아동은 면담 이후에 어떤 일이 일어날지 알고 싶어 할 수 있다. 이러한 질문에 대해서는 정중한 답변을 준비하면 좋다(이야기를 할 수 있는 것이라면 답변을 해도 좋다. 다만 불확실한 것에 대해서는 약속을 해서는 안 된다는 견해도 있다). 면담실에 동석하고 있는 사람(모니터링, 백 스태프)이 아동에게 더 질문하고 싶은 것이 있다면 이 단계에서 하면 좋다. 그러나 이들 모두가 질문 방식이나 아동의 능력에 대해서 지식을 가지고 있는 것은 아니라는 것에 주의해야 한다. 동석자의 질문은 면담자가 아동의 이해 수준에 맞게 개방형 질문으로 고쳐서 물어볼 수 있다.

선행 연구는 장애아동에 대해 개방형 질문을 사용하여 면담을 반복하는 때, 더 많은 정보를 얻을 수 있는 경우가 있다고 보고하고 있다(Cederborg, La Rooy & Lamb, 2008). 이는 아동이 경험을 생각해 내고 낯선 사람과 라포를 형성하는 데 시간이 걸린다는 점을 반영하고 있는지도 모른다. 이와 같은 이유로 또는 다른 이유로 아동에게 추가적인 면담을 해야 한다면 이 단계에서 말해 주는 것이 좋다. 아동이 쾌적하게 다음 면담에 올 수 있도록 만들기 위해서는 동일한 면담자가 동일한 장소에서 면담하는 것이 좋다(면담의 반복은 설사 개방형 질문을 사용한 면담이라도 오정보가 늘어난다는 연구 결과도 있다. 수차례 면담을 하는 경우에는 최대한 주의가 필요하다).

■ 중립적인 화제

이 단계에서는 아동의 주의를 면담 후에 있을 활동에 맞춰야 한다. 아동이 어두운 기분으로 면담실을 나서지 않도록 하기 위해서다. 중립적인 질문을 사용하여 면담 후 어떤 일을 할 것인지 물어봐도 좋다.

> 면담자: 면담이 끝나면 무엇을 할 거니?
>
> 중립적인 주제로 면담을 종료할 것을 결정했다면 사안으로 돌아가 아동에게 더 이상의 질문을 하지 않도록 주의해야 한다.

5. 맺음말

이 책은 사법전문가나 아동과 많이 활동하는 전문가가 지적장애, 신경발달장애 또는 두 가지를 모두 가진 아동을 보다 잘 이해할 수 있도록 집필되었다. 지식이 있으면 부적절한 상황에 처해 있다고 의심되는 장애아동에 대해서 보다 잘 대응할 수 있다고 생각했기 때문이다. 또한 이 책이 아동과 활동하는 전문가들 간에 연계를 강화시키는 계기가 되기를 바란다. 이 책은 모든 문제를 망라한 것은 아니다. 그러나 이러한 문제에 대해서 앞으로 더 배우게 되는 첫걸음이 되기를 바란다.

찾아보기

인용문헌

American Psychiatric Association (2000). Diagnostic and Statistical Manual of Mental Disorders: DSM −IV TR (4:de upplagan). Washington, DC:APA.

Aronsson, K. & Hundeide, K. (2002). Relational rationality and children's interview responses. *Human Development*, 45: 174−186.

Bull, R. (1995). Interviewing witnesses with communicative disability. I R. Bull, & D. Carson (red.), *Handbook of psychology in legal contexts*. Chichester: Wiley.

Ceci, S.J., Bruck, M. & Battin, D.B. (2000). Suggestibility of children's testimony. I D. F. Bjorklund (red.), *False memory creation in children and adults. Theory, research and implications*, Mahwah, NJ, Erlbaum, 169−201.

Cederborg, A−C., Danielsson, H., La Rooy, D. & Lamb, M. E. (2009). Repetition of contaminating question types when children and youths with learning disabilities are interviewed. *Journal of Intellectual Disability Research* (in press).

Cederborg, A−C. & Gumpert, C. (2009a). The challenge of assessing credibility when the alleged victims have intellectual disabilities. *Scandinavian Journal of Disability Research* (in press).

Cederborg, A−C. & Gumpert, C. (2009b). Trust and mistrust when collaborating with other professionals. (Insänt för publicering)

Cederborg, A−C. & Lamb, M. E. (2006). How does the legal system respond when children with learning difficulties are victimized? *Child Abuse and Neglect*, 30, 5, 537−547.

Cederborg, A−C. & Lamb, M. E. (2008a). Interviewing alleged victims with intellectual disabilities. *Journal of Intellectual Disability Research*. 52, 1, 49—58.

Cederborg, A—C. & Lamb, M. E. (2008b). Intensive training of forensic interviewers. I T. I. Richardson & M. V. Williams (red.), *Child Abuse and Violence*. New York: Nova Science Publishers.

Cederborg, A—C., La Rooy, D. & Lamb, M. E. (2008). Repeated interviews with children who have intellectual disabilities. *Journal of Applied Research in Intellectual Disabilities*, 21, 103— 113.

Cederborg, A—C., Orbach, Y., Sternberg, K, J. & Lamb, M. E. (2000). Investigative interviews of child witnesses in Sweden. *Child Abuse and Neglect*, 24, 1355—1361.

Clare, I. C. H. & Gudjonsson, G. H. (1993). Interrogative suggestibility, confabulation, and acquiescence in people with mild learning disabilities (mental handicap): Implications for reliability during police interrogations. *British Journal of Clinical Psychology*, 32, 295—301.

Craig, R. A., Scheibe, R., Kircher, J., Raskin, D. C. & Dodd, D. (1999). Effects of interviewer questions on children's statements of sexual abuse. *Applied Developmental Science*, 3, 77—85.

Davis, G. M., Westcott, H. L. & Horan, N. (2000). The impact of questioning style of the eyewitness testimony of preschool children. *Journal of Psycholinguistic Research*, 74, 269—277.

Dent, H. (1986). An experimental study of the effectiveness of different techniques of interviewing mentally handicapped child witnesses. *British Journal of Clinical Psychology*, 25, 13—17.

Frith, U. (2003). *Autism: Explaining the enigma*. Oxford: Blackwell Ltd.

Fowler, A. E. (1998). Language in mental retardation: Association with and issociation from general cognition. I. J. A. Burack., R. M. Hodapp. & E. Zigler. (red.), *Handbook of mental retardation and development*. Cambridge: Cambridge University Press. 290—333.

Gillberg, C. (1995). *Clinical child neuropsychiatry*. Cambridge: Cambridge University Press.

Gordon, B. & Schroeder, C. S. (1995). *Sexuality: A developmental approach to problems.* New York: Plenum.

Gordon, B. N., Schroeder, C, S., Ornstein, P.A. & Baker—Ward, L. (1995). Clinical implications of research on memory development. I T. Ney (red.), *True and false allegations of child sexual abuse: Assessment and case management.* New York: Bruner/ Mazel. 99—124.

Green, G. (2001). Vulnerability of witnesses with learning disabilities: preparing to give evidence against a perpetrator of sexual abuse. *British Journal of Learning Disabilities, 29,* 103—109.

Gudjonsson, G. H. & Henry, L. (2003). Child and adult witnesses with intellectual disability: The importance of suggestibility. *Legal and Criminological Psychology,* 8, 241—252.

Gudjonsson, G.H., Murphy, G. H. & Clare, I.C.H. (2000). Assessing the capacity of people with intellectual disabilities to be witnesses in court. *Psychological Medicine,* 30, 307—314.

Gumpert, C. (2001). *Alleged child sexual abuse: The expert witness and the court.* Stockholm: Institutet för Folkhälsovetenskap. Karolinska Institutet.

Gumpert, C. (2008). Clinical and organisational perspectives on denial and delayed disclosure. I M. E. Pipe., M. E. Lamb., Y. Orbach., Cederborg, A—C (red.), *Child sexual abuse. Disclosure, delay and denial.* Hillsdale New Jersey: Lawrence Erlbaum Publishers. 251—263.

Henry L. A. & Gudjonsson, G. H. (1999). Eyewitness memory and suggestibility in children with mental retardation. American Journal on Mental Retardation, 104, 491—508.

Henry, L. A. & Gudjonsson, G. H. (2003). Eyewitness memory, suggestibility and repeated recall sessions in children with mild and moderate intellectual disabilities. *Law and Human Behavior,* 27, 5, 481—505.

Henry, L. A. & Gudjonsson, G. H. (2007). Individual and developmental differences in eyewitness recall and suggestibility in children with intellectual disabilities. *Applied Cognitive Psychology*, 21, 361－381.

Jones, D.P.H. (2003). *Communicating with vulnerable children. A guide for practitioners.* London: Gaskell.

Kebbell, M. R. & Hatton, C. (1999). People with mental retardation as witnesses in court: A review. *Mental retardation*, 37, 179－187.

Kebbell, M. R. & Wagstaff, G. F. (1997). Why do the police interview eyewitnesses? Interview objectives and the evaluation of eyewitness performance. *Journal of Psychology*, 131, 595－601.

Lamb, M. E., Hershkowitz, I., Sternberg, K. J., Boat, B. & Everson, M. D. (1996a). Investigative interviews of alleged sexual abuse victims with and without anatomical dolls. *Child Abuse and Neglect*, 20, 1251－1259.

Lamb, M. E., Hershkowitz, I., Sternberg, K. J., Esplin, P. W., Hovav, M., Manor, T. & Yudilevitch, L. (1996b). Effects of investigative utterance types on Israeli children's responses. *International Journal of Behavioral Development* 19, 627－637.

Lamb, M. E., Hershkowitz, I., Orbach, Y. & Esplin, W. P. (2008). *Tell me what happened, Structured investigative interviews of child victims and witnesses.* Chichester: Wiley.

Linell, P. (1998). Approaching dialogue. Talk, interaction and contexts in dialogical perspectives. Amsterdam: John Benjamins Publishing Co.

Michel, M. K., Gordon, B. N., Ornstein, P. A. & Simpson, M. A. (2000). The abilities of children with mental retardation to remember personal experiences: Implications for testimony. *Journal of Clinical Child Psychology*, 29, 453－463.

Perlman, N. B., Ericson, K. I., Esses, V.M. & Isaacs, J. (1994). The developmentally handicapped witness. Competency as a function of question format. *Law and Human Behaviour*, 18, 171－187.

Poole, D. A. & Lamb, M. E. (1998). *Investigative interviews of children: A guide for helping professionals.* Washington, DC: American Psychological Association.

Sedlack, A.J. & Broadhurst, D. D. (1996). *Executive summary of the national incidence study of child abuse and neglect*. Washington, DC: US Department of Health and Human Services, National Center on Child Abuse and Neglect.

Sobsey, D. & Doe, T. (1991). Patterns of sexual abuse and assault. *Journal of Sexuality and Disability*. 9, 185−199.

Socialstyrelsen (2007). www.socialstyrelsen.se/Aktuellt/Nyheter/2007/

Sullivan P. M. & Knutson, J. F. (2000) Maltreatment and disabilities: a populationbased epidemiological study. *Child Abuse and Neglect.*, 24, 1257−1273.

Tideman, M. (red.), (1999). Handikapp, synsädtt principer, perspektiv. L und: Studentlitteramr.

Trevarthen, C. (2000). Autism as a neurodevelopmental disorder affecting communication and learning in early childhood: prenatal origins, post−natal course and effective educational support. *Prostaglandins, Leukotrienes and Essential Fatty Acids*, 63, 41−46.

Westcott, H. L. (1991). The abuse of disabled children: A review of the literature. *Child: Care, Health and Development*, 17, 243−258.

Westcott, H. L. (1993). *Abuse of children and adults with disabilities*. London: NSPCC.

Westcott, H. L. & Jones, D. P. (1999). Annotation: The abuse of disabled children. *Journal of Child Psychology and Psychiatry*, 40, 497−506.

Williams, C. (1995). Invisible victims: *Crime and abuse against people with learning difficulties*. London UK: Jessica Kingsley Publishers.

Vigj, S. &. Kaminer, R. (2002). Maltreatment and developmental disabilities in children. *Journal of Development and Physical Disabilities*, 14, 4, 371−386.

Zigler, E, (1969). Developmental versus difference theories of mental retardation and the problem of motivation. *American Journal of Mental Deficiency*, 73, 536−556.

참고문헌

Agnew, S. E. & Powell, M. B. (2004). The effect of intellectual disability on children's recall of an event across different question types. *Law and Human Behavior,* 28, 273 – 294.

Anderson, S. W., Bechara, A., Damasio, H., Tranel, D. & Damasio, A. R. (1999). Impairment of social and moral behaviour related to early damage in human prefrontal cortex. *Nature Neuroscience,* 2, 11, 1032 – 1037.

Baron – Cohen, S. (1989). Perceptual role – taking and protodeclarative pointing in autism. *British Journal of Developmental Psychology,* 113 – 127.

Baron – Cohen, S. (1998). Modularity in developmental cognitive neurops ychology: Evidence from autism and Gilles de la Tourette syndrome. I J. A. Burack., R. M. Hodapp., & E. Zigler (red.), *Handbook of mental retardation and development.* Cambridge: Cambridge University Press, 334 – 348.

Baron – Cohen, S. (2001). Theory of mind and Autism: A review. *International review of research in mental retardation,* 23, 169 – 184.

Baron – Cohen, S., Baldwin, D. & Crowson, M. (1997). Do children with autism use the speakers' direction of gaze (SDG) strategy to crack the code of language? *Child Development,* 68, 48 – 57.

Bottoms, B. & Goodman, G. (1996). *International perspectives on child abuse and children's testimony. Psychological research and law.* Thousand Oaks, CA: Sage Publication.

Boucher, J., & Lewis, V. (1989). Memory impairments and communication in relatively able autistic children. *Journal of Child Psychology and*

Psychiatry, 29, 433 – 445.

Bradshaw, J. L. (2001). *Developmental disorders of the frontostriatal sy stem.* Hove: Psychology Press.

Brack, M. & Ceci, S. J. (1999). The suggestibility of children's memory. *Annual Review of Psychology,* 50, 419 – 439.

Bruck, M., Ceci, S. J., Francoeur, E. & Barr, R. (1995). "I hardly cried when I got my shot." Influencing children's reports about a visit to their paediatrician. *Child Development,* 66, 193 – 208.

Brock, P., Fisher, R. P. & Cutler, B. C. (1999). Examining the cognitive interview in a double test paradigm. *Psychology, Crime & Law,* 5, 29 – 45.

Bull, R. & Cullen, C. (1992). *Witnesses who have mental handicaps.* Edinburgh: Crown Office.

Ceci, S. J. & Bruck, M. (1995). *Jeopardy in the courtroom: A scientific analysis of children's testimony.* Washington, DC: American Psychological Association.

Ceci, S. J., Ross, D. F., & Toglia, M. P. (1987). Age differences in suggestibility: Narrowing the uncertainties. In S. J. Ceci, M. P. Toglia & D. F. Ross (red.), *Children's eyewitness memory.* New York: Springer – Verlag, 79 – 91.

Chabert, C., Jamon, M., Cherfouh, A., Duquenne, V., Smith, D. J., Rubin, E. & Roubertoux, P. I. (2004). Functional Analysis of Genes Implicated in Down Syndrome: 1. Cognitive Abilities in Mice Transpolygenic for Down Syndrome Chromosomal Region – 1 (DCR – 1), *Behavior Genetics,* 34, 6, 559 – 569.

Dale, E., Loftus, E. & Rathbun, L. (1978). The influence of the form of the question of the eyewitness testimony of preschool children, *Journal of Psycholinguistk Research* 74, 269 – 277.

Davis, G. M., Wilson, C., Mitchell, R. & Milsom, J. (1994). *Videotaping children's evidence: An evaluation.* London: HMSO.

Diesen, C. & Sutorius, H. (1999). *Sexuella övergrepp mot barn: Den rättsliga processen. Expertrapport,* Socialstyrelsen.

Dyck, M. J., Hay, D., Anderson, M., Smith, L. M., Piek, J. & Hallmayer, J., (2004). Is the criterion for defining developmental disorders valid? *Journal of Child Psychology and Psychiatry,* 45, 5, 979−995.

Elia v. Elia, Swedish Supreme Court NJA 67 (1992).

Ericson, K. I. (2000). Factors affecting witness capacity in individuals with developmental disabilities. *Dissertation Abstracts International,* 60, (8B):4299.

Ellison, L. (2001). The mosaic art?: Cross−examination and the vulnerable witness. *Legal studies,* 21, (3), 353−375.

Fisher, R. P., Geiselman, R. E. & Raymond, D. S. (1987). Critical analysis of police interviewing techniques. *Journal of Police Science and Administrations,* 15, 177−185.

Flin, R., Boon, J., Knox, A. & Bull, R. (1992). The effect of a five−month delay on children's and adults eyewitness memory. *British Journal of Psychology,* 83, 323−336.

Fivush, R. &. Schwarzniueller, A. (1995). Say it once again: Effects of repeated questions on children's event recall. *Journal of Traumatic Stress,* 8(4), 555−580.

Gee, S. & Pipe, M−E. (1995). Helping children to remember: The influence of object cues on children's accounts of a real event. *Developmental Psychology,* 31, 746−758.

Gilbert, J. A. E. & Fisher, R. P. (2006). The effects of varied retrieval cues on reminiscence in eyewitness memory. *Applied Cognitive Psychology,* 20, 723− 739.

Gillberg, C. (1996). *Ett barn i varje klass, om DAMP, MBD, ADHD.* Södertälje: Cura.

Gobbo, C. (2000). Assessing the effects of misinformation on children's recall: How and when makes a difference. *Applied Cognitive Psychology,* 14, 163−182.

Golding, S. L. (1992). Increasing the reliability, validity and relevance of psychological expert evidence: An introduction to the special issue on expert evidence. *Law and Human Behavior*, 16, 253−256.

Gudjonsson, G. H. (2003). *The psychology of interrogations and confessions: A handbook*. Chichester: John Wiley.

Gudjonsson, G. H. & Clare, I. C. H. (1995). The relationship between confabulation and intellectual ability, memory, interrogative suggestibility and acquiescence. *Personality & Individual Differences*, 19, 333−338.

Hershkowitz, I., Lamb, M. E., Sternberg, K. J. & Esplin, P. W. (1997). The relationships among interviewer utterance type, CBCA scores, and the richness of children's responses. *Legal and Criminological Psychology*, 2, 169−176.

Hershkowitz, I., Orbach, Y., Lamb, M. E., Sternberg, K. J., Horowitz, D. & Hovav, M. (1998). Visiting the scene of the crime: Effects on children's recall of alleged abuse. *Legal and Criminological Psychology*, 3, 195−207.

Holstein, J. A. (1993). Court ordered insanity. *Interpretative practice and involuntary commitment*. New York: Aldine De Gruyter.

Holstein, J. A. & Gubrium, J. F. (1995). *The active interview*. CA: Sage

Home Office (2002). *Disabled children and abuse*, NSPCC, UK.

Howie, P., Sheehan, M., Mojarrad, T. & Wrzesinska, M. (2004). "Undesirable" and "desirable" shifts in children's responses to repeated questions: Age differences in the effect of providing a rationale for repetition. *Applied Cognitive Psychology*, 18, 1161−1180.

Hutcheson, G. D., Baxter, J. S., Telfer, K. & Warden, D. (1995). Child witness statement quality: Questions type and errors of omission. Law & Human Behavior, 19, 631−648.

Iarocci, G. & Burack, J. A. (1998). Understanding the development of attention in persons with mental retardation: Challenging the myths. I J, A. Burack., R. M. Hodapp., & E. Zigler (red.), *Handbook of mental retardation and development*. Cambridge: Cambridge University Press. 349−381.

Kasari, C. & Bauminger, N. (1998). Social and emotional development in children with mental retardation. I J. A. Burack., R. M. Hodapp. & E. Zigler (red.), *Handbook of mental retardation and development.* Cambridge: Cambridge University Press. 411−423.

Kebbell, M. R., Hatton, C. & Johnson, S. D. (2004). Witnesses with intellectual disabilities in court: What questions are asked and what influence do they have? *Legal and Criminological Psychology, 9,* 23−35.

Krähenbühl, S. & Blades, M. (2006). The effect of question repetition within interviews on young children's eyewitness recall. *Journal of Experimental Child Psychology, 94,* 57−67.

Lamb, M. E. & Fauchier, A. (2001). The effects of question type on self contradiction by children in the course of forensic interviews. *Applied Cognitive Development, 15,* 483−491.

Lamb, M. E., Sternberg, K. J., Esplin, P. W., Hershkowitz, I., Orbach. Y. & Hovav, M. (1997). Criterion−based content analysis: A field validation study. *Child Abuse and Neglect, 21,* 255−264.

Lamb, E. M., Sternberg, J. K., Orbach, Y., Hershkowitz, I. & Esplin, W. P. (1999). Forensic interviews of children, I A. Memon & R. Bull (red.), *Handbook of psychology of interviewing.* Chichester, United Kingdom and New York: Wiley. 253−277.

Lamb, E. M., Sternberg, J. K., Orbach, Y., & Esplin, W. P. (2003). Age differences in young children's responses to open−ended invitations in the course offorensic interviews. *Journal of Consulting and Clinical Psychology, 71,* 5, 926−934.

Lamb, M. E., Orbach, Y., Hershkowitz, I., Esplin, P. W. & Horowitz, D. (2007). A structured forensic interview protocol improves the quality and informativeness of investigative interviews with children: A review of research using the NICHD Investigative interview protocol. *Child A buse & Neglect,* 1201−1231.

Lamb, M. E., Orbach, Y., Hershkowitz, I., Horowitz, D. & Abbott, C. B.

(2007). Does the type of prompt affect the accuracy of information provided by alleged victims of abuse in forensic interviews? *Applied Cognitive Psychology.*

La Rooy, D., Pipe, M. E. & Murray, J. E. (2005). Reminiscence and hypermnesia in children's eyewitness memory. *Journal of Experimental Child Psychology*, 90, 235−254.

Leichtman, M. D. & Ceci, S. J. (1995). The effects of stereotypes and suggestions on preschoolers' reports. *Developmental Psychology*, 31, 568−578.

Leonard, H. & Wen, X. (2002). The epidemiology of mental retardation: Challenges and opportunities in the new millennium. *Mental R etardation and Developmental Disabilities Research Reviews*, 8, 117−134.

Loftus, E. F. (1979). *Eyewitness testimony.* London: Harvard University Press.

Lyon, T. (2002). Applying suggestibility research to the real world: The case of repeated questions. *Law and Contemporary Problems*, 65, 97−126.

Memon, A. & Vartoukian, R. (1996). The effects of repeated questioning on young children's eyewitness testimony. *British Journal of Developmental Psychology*, 87, 403− 415.

Milne, R. (1999). Interviewing children with learning disabilities. I A. Memon &. R. Bull (red.), *Handbook of the psychology of interviewing.* Chichester, UK: Wiley. 165−180.

Milne, R. & Bull, R. (1999). *Investigative interviewing: Psychology and practice.* Chichester, UK: Wiley.

Milne, R., Clare, I. C. H. & Bull, R. (1999). Interviewing adults with learning disability with the cognitive interview. *Psychology Crime and Law*, 5, 81−100.

Mirenda, P. L., Donellan, A. M. & Yoder, D. E. (1983). Gaze behaviour: a new look at an old problem. *Journal of Autism and Developmental*

Disorders, 13, 397 – 409.

Oates, K. & Schrimpton, S. (1991). Children's memories for stressful and nonstressful events. *Medicine, Science and Law*, 31, 4 – 10.

Orbach, Y. & Lamb, M. E. (2000). Enhancing children's narratives in investigative interviews. *Child Abuse & Neglect*, 24, 1631 – 1648.

Peterson, C., Moores, L. & White, G. (2001). Recounting the same events again and again: Children's consistency across multiple interviews. *Applied Cognitive Psychology*, 15, 353 – 371.

Peterson, C., Parsons, T. &. Dean, M. (2004). Providing misleading and reinstatement information a year after it happened: Effects on long – term memory. *Memory*, 12, 1, 1 – 13.

Pipe, M. E., Sutherland, R., Webster, N., Jones, C. H. & La Rooy, D. (2004). Do early interviews affect children's long – term recall? *Applied Cognitive Psychology*, 18, 1 – 17.

Poole, D. A. & White, L. T. (1991). Effects of question repetition on the eyewitness testimony of children and adults. *Developmental Psychology*, 27, 975 – 986.

Poole, D. A. & White, L. T. (1993). Two years later: Effects of question repetition and retention interval on the eyewitness testimony of children and adults. *Developmental Psychology*, 29(3), 844 – 853.

Poole, D. A. & White, L. T. (1995). Tell me again and again: Stability and change in the repeated testimonies of children and adults. I M. S. Zaragoza & J. R. Graham & G. N. Hall & R. Hirschman & Y. S. Ben – Porath (red.), *Memory and Testimony in the Child Witness*. Thousand Oaks, CA: Sage. 24 – 43.

Raskin, D. & Esplin, P. W. (1991). Statement validity assessments: Interview procedures and content analyses of children's statements of sexual abuse. *Behavioral Assessments*, 13, 265 – 291.

Rispens, J., Yule, W. & van Yperen, T. A. (red.), (1997). *Perspectives on the classification of specific developmental disorders*. New York, LLC: Springer – Verlag.

Ruby, C. L. & Brigham, J. C. (1998). Can criteria—based content analysis distinguish between true and false statements of African—American speakers? *Law and Human Behavior*, 22, 369—388.

Salmon, K. & Pipe, M. E. (1997). Props and children's event reports: The impact of a 1—year delay. *Journal of Experimental Child Psychology*, 65, 261—292.

Salmon, K. & Pipe, M. E. (2000). Recalling an event one year later: The impact of props, drawing and a prior interview. *Applied Cognitive Psychology*, 14, 99—120.

Steward, M. S., Steward, D. S., Farquhar L., Myers, J. E. B., Reinhart, M., Welker J., Joyce, N., Driskill, J. & Morgan, J. (1996). Interviewing young children about body touch and handling. *Monographs of the Society for Research in Child Development*, Serial No. 248, 57.

Sutorius, H. & Kaldal, A. (2003). Bevisprövning vid sexualbrott. (Sifting of evidence in sexual crime cases). Stockholm: Norstedts juridik.

Tager—Flusberg, H. (red.) (1999). *Neurodevelopmental Disorders. Developmental cognitive neuroscience.* Cambridge: Bradford Books.

Trankell, A. (1972). *Reliability of evidence: methods for analyzing and assessing witness statements*, Stockholm: Beckman.

Undeutsch, U. (1982). Statement reality analysis. I A. Trankell (red.), Reconstructing the past: *The role of psychologists in criminal trials.* Stockholm: Norstedt & Sons. 27—56.

Undeutsch, U. (1989). The development of statement reality analysis. I J. C. Yuiile (red.), *Credibility assessment.* Dordrecht: Kluver. 101—120.

Westcott, H. L. & Cross, M. (1996). *This far and no further.* Birmingham UK: Venture Press.

그 밖에 일본어 참고문헌

M・アルドリッジ，J・ウッド著，中真紀子編訳 (2004)『子どもの面接
　　法―司法手続きにおける子どものケア・ガイド(아동의 면담법－사법절
　　차에서의 아동의 케어 가이드)』北大路書房

英国内務省・英国保健省編，中真紀子・田中周子訳 (2007)『子どもの司法
　　面接―ビデオ録画面接のためのガイドライン(아동의 사법면담－비디오
　　녹화면담을 위한 가이드라인)』誠信書房

R・ブル他著，中真紀子監訳 (2010)『犯罪心理学―ビギナーズガイド：世
　　界の捜査，裁判，矯正の現場から(범죄심리학－초심자 가이드: 세계의 수
　　사, 재판, 교정의 현장으로부터)』有斐閣

W・ボーグ，R・ブロドリック，R・フラゴー，D・M・ケリー，D・
　　L・アービン，J・バトラー著，藤川洋子・小沢真嗣訳 (2003)『子ど
　　もの面接ガイドブック―虐待を聞く技術(아동면담 가이드북－학대를 듣
　　는 기술)』日本評論社

浜井浩一・村井敏邦編著『発達障害と司法―非行少年の処遇を中心に(발달
　　장애와 사법―비행소년의 처우를 중심으로)』(龍谷大学矯正・保護研究セ
　　ンター叢書第11巻) 現代人文社

法と心理学会・ガイドライン作成委員会編 (2005)『目撃供述・識別手続
　　に関するガイドライン(목격진술·식별절차에 관한 가이드라인)』現代人
　　文社

Ｒ・ミルン，Ｒ・ブル著 原聡編訳 （2003）『取調べの心理学―事実聴取の
ための捜査面接法(조사의 심리학－사실청취를 위한 수사면담법)』北大路
書房

中真紀子 （2009）「司法面接―事実に焦点を当てた面接法の概要と背景(사
법면담－사실에 초점을 맞춘 면담법의 개요와 배경)」『ケース研究』299，
3－34頁

中真紀子 （2011 a）『法と倫理の心理学―心理学の知識を裁判に活かす：目
撃証言，記憶の回復，子どもの証言(법과 윤리의 심리학－심리학의 지식을
재판에 활용한다: 목격증언, 기억의 회복, 아동의 증언)』培風館

中真紀子 （2011 b）「NICHDガイドラインにもとづく司法面接研修の効果
(NICHD가이드라인에 근거한 사법면담연수의 효과)」『子どもの虐待とネグ
レクト』13 （3），316－325頁

中真紀子 （2012 a）「科学的証拠にもとづく取調べの高度化―司法面接の
展開とPEACEモデル(과학적증거에 근거한 조사의 고도화－사법면담의 전
개와 PEACE모델)」『法と心理』12 （1），27－32頁

中真紀子 （2012 b）「子どもの証言と面接法(아동의 증언과 면담법)」日本発
達心理学会編，根ケ山光一，中真紀子責任編集『発達の基盤―身体，認
知，情動』（発達科学ハンドブック４）新曜社，284－296頁

http://child/let/hokudai.ac.jp/(홋카이도대학 대학원 문학연구과 사법면담지
원실 사이트. 연수강의비디오도 볼 수 있다)

http://nichdprotocol.com(세계의 연구자가 작성하고 있는 NICHD프로토콜
사이트)

저자 소개

Ann-Christin Cederborg

스톡홀름대학 아동·청소년학부 교수
전문은 아동·청소년을 대상으로 한 심리요법. 본서의 편집대표
Email: ann−christin.cederborg@buv.su.se

Clara Hellner Gumpert

카로린스카의과대학 정신학연구센터 준교수
전문은 아동·청소년의 정신의학
Email: Clara.Gumpert@ki.se

Gunvor Larsson Abbad

린쇼핀대학 행동과학·학습학부 준교수
전문은 심리학
Email: gunvor.larsson.abbad@liu.se

일본 감역자 소개

나카 마키코(仲 真紀子)

홋카이도대학 대학원 문학연구과 교수
전문은 발달심리학, 인지심리학, 법과 심리학
오차노미즈여자대학 대학원 인간문화연구박사과정 만기퇴학. 학술박사.
사법면담의 개발과 훈련, 기초연구를 하고 있다. 주요 저서에『法と倫理の心
理学─心理学の知識を裁判に活かす: 目撃証言, 記憶の回復, 子どもの証言
(법과 윤리의 심리학─심리학의 지식을 재판에 활용한다: 목격증언, 기억의
회복, 아동의 증언)』(培風館, 2011년), 공동번역서에『子どもの司法面接─ビ
デオ録画面接のためのガイドライン(아동의 사법면담─비디오녹화면담을 위
한 가이드라인)』(誠信書房, 2007년) 등.

야마모토 쓰네오(山本恒雄)

사회복지법인 은사재단모자애육회 일본아동가정종합연구소 아동가정복지연구
부장. 토지샤대학 문학부 문화학과 졸업(심리학 전공). 1975년 4월부터 2008

년 3월까지 오사카부 아동상담소(아동가정센터)에서 아동심리사, 아동복지사, 차장 겸 학대대응과장 등으로 근무. 2008년 4월부터 일본아동가정종합연구소에서 후생노동성과학연구 등에 종사. 전문분야는 아동학대, 아동가정복지 소셜워크, 성적학대대응 등. 임상심리사.

일본 역자 소개

린델 사토 료코(リンデル 佐藤 良子)

홋카이도대학 대학원 교육학연구과 석사과정 수료(교육학 석사). 일본에서 14년간 고등학교 교사로 근무하고 스웨덴으로 이주. 스톡홀름에서는 보육원, 고등학교, 대학에서 가르치는 일에 종사하면서 스스로도 대학원에서 교육학을 배우고 있다. 2009년부터 번역을 시작했다. 스톡홀름 거주.

한국 역자 소개

이동희

현)경찰수사연수원 강력범죄수사학과장
동국대학교 경찰행정학과 졸업, 부산대학대학원 심리학 석사과정 수료, 부산지방경찰청 해바라기센터 수사팀장 등 현장 수사 10년

장응혁

현)계명대학교 경찰행정학과 교수
경찰대학 행정학과 졸업, 일본 도쿄대학대학원 형사법 석사, 고려대학교대학원 형법 박사, 경찰청 경찰혁신기획단 연구관, 서울지방경찰청 여성청소년계 여성아동1319팀장, 경찰대학교 경찰학과 교수

이형범

현)주일본대한민국대사관 경찰주재관
한국해양대학교 해양경찰학과 졸업, 일본 호세이대학대학원 법학 석사, 일본 사법통역사연합회 사법통역1급, 경찰대학 치안정책연구소 경찰연구관, 경찰수사연수원 융합수사학과 교수

발달장애아동 사법면담 가이드

초판발행	2019년 7월 5일
중판발행	2020년 1월 20일
지은이	Ann-Christin Cederborg · Clara Hellner Gumpert · Gunvor Larsson Abbad
옮긴이	(일본) 仲 真紀子 · 山本恒雄 · リンデル 佐藤 良子
	(한국) 이동희 · 장응혁 · 이형범
펴낸이	노 현
편 집	황정원
기획/마케팅	오치웅
표지디자인	박현정
제 작	우인도 · 고철민
펴낸곳	㈜ 피와이메이트
	서울특별시 금천구 가산디지털2로 53 한라시그마밸리 210호(가산동)
	등록 2014. 2. 12. 제2018-000080호
전 화	02)733-6771
fax	02)736-4818
e-mail	pys@pybook.co.kr
homepage	www.pybook.co.kr
ISBN	979-11-896-4396-6 93180

* 잘못된 책은 바꿔드립니다. 본서의 무단복제행위를 금합니다.
* 역자와 협의하여 인지첩부를 생략합니다.

정 가   9,000원

박영스토리는 박영사와 함께하는 브랜드입니다.